BARBARA SIMONSOHN

Das Ei des Kolumbus

BARBARA SIMONSOHN

DAS EI
DES KOLUMBUS

Verjüngung und heitere Gelassenheit
durch die Kraft des Hühnereies

Bibliografische Information der Deutschen Nationalbibliothek: Die Deutsche Nationalbibliothek verzeichnet diese Publikation in der Deutschen Nationalbibliografie; detaillierte bibliografische Daten sind im Internet über dnb. dnb.de abrufbar

1. Auflage
Originalausgabe September 2017
© Hrsg. Gerd Scheer, Jüterbog
Umschlag: Theo Hodapp, Hamburg

Lektorat: Stephan Hannemann, München
Layout: Theo Hodapp, Hamburg

Herstellung und Verlag:
BoD – Books on Demand, Norderstedt

ISBN 978-3-744-88237-8

Inhaltsverzeichnis

6

Einleitung: Worum es in dem Buch geht

Ein neues natürliches Nahrungsergänzungsmittel aus dem Hühnerei scheint „wie vom Himmel gefallen" für den stressgeplagten Menschen der heutigen Zeit. Unsere Welt ist aus den Fugen geraten. Unser Bundespräsident, Frank-Walter Steinmeier, spricht von „stürmischen Zeiten". Die Weltlage ist für viele ein zusätzlicher Stressfaktor geworden. Dazu kommen Digitalisierung der Arbeitswelt und die Einführung der künstlichen Intelligenz und 3D-Druck mit ungewissem Ausgang für jeden einzelnen. Muss ich radikal umlernen? Fällt mein Arbeitsplatz vielleicht sogar weg? Nur noch die Hälfte aller Arbeitsverträge sind, wie es früher einmal war, unbefristet. Alles andere: Kurzzeit-Verträge. Was macht das mit den Menschen und ihrer Lebensplanung?

Stress ist ein Vitalstofffräuber. Bei Stress brauchen wir MEHR Vitalstoffe. Unsere Industriekost bietet sie nicht mehr in ausreichender Menge. Eine Schere entsteht. Viele Menschen verhungern an vollen Töpfen. Sie sind vielleicht noch nicht krank, aber auch nicht mehr gesund. Strahlende Gesundheit heißt: jeden Morgen aufwachen und die Welt umarmen wollen. Voller Lebensfreude und Tatendrang sein. Trotz des Chaos und Trubels um einen herum in seiner Mitte geborgen sein.

Das Thema „Jungbrunnen" begleitet uns schon seit Jahrtausenden. Schon immer wünschten sich Menschen die Energie und Kraft der Jugend zurück, den Esprit und den Eroberungsdrang, den Enthusiasmus und den Glauben an unbegrenzte Möglichkeiten. Was, wenn dieser „Jungbrunnen" jetzt gefunden ist? Für mich spricht vieles dafür.

Es geht um den ganz speziellen Wachstumsfaktor FGF2, der die Produktion von Stammzellen in unserem Körper wie als Kind und Jugendlicher stimuliert. Diese Stammzellen schwärmen ins Gewebe aus und reparieren dort Zellen, wo eine Reparatur notwendig ist. Weil dies auch für Nerven und Gehirn gilt, merken wir das nicht nur auf der körperlichen Ebene – FGF2 optimiert die Selbstheilungskräfte bei aller Art von Beschwerden - , sondern auch auf der geistig-seelischen Ebene. Wir fühlen uns geborgen, voller Energieüberschuss, unsere Gedanken werden klar, wir finden zurück zu Optimismus und Humor, und entwickeln neue Energie, um unser Leben zu gestalten. So dass wir wieder in der Lage sind, einen Beitrag fürs Ganze zu leisten in diesen turbulenten Zeiten und unseren Teil für den not-wendigen Paradigmen- und Wertewandel beizutragen, auf den die Welt wartet und zusteuert.

Mit diesem ganz besonderen Wachstumsfaktor haben wir ein Gesundheitssystem, was uns auf allen Ebenen – Körper, Seele und Geist – regeneriert und erneuert und uns wieder für höhere Schwingungen, der Sprache unserer Seele, öffnet.

Meine ganz persönlichen Erfahrungen – der Beginn einer Reise

Hier schreibe ich einfach auf, was ich mit einem ganz besonderen Nahrungsergänzungsmittel erlebt habe. Die Erfahrungen waren so profund, dass ich so begeistert vom Produkt bin, dass ich es durch dieses Buch mehr Menschen bekannt machen möchte. Hier können Sie Zitate aus meinem Mail-Briefwechsel mit Gerd Scheer lesen, in chronologischer Reihenfolge, von dem ich dieses „Wundermittel" kennen gelernt habe.

18. Januar 2017: „Ich habe mir gleich eine Kapsel genehmigt und eine sehr gute Energie gespürt. Heute, 19. Januar, ist mein Intervall-Fastentag. Ich faste einen Tag in der Woche. Heute Morgen habe ich zwei Kapseln eingenommen. Das Ergebnis: kein Schwindel, keine leichten Kopfschmerzen wie sonst, einfach nur gute Laune, und mit leerem Magen bin ich fünf Kilometer an der Elbe gejoggt. Ich merke, dass ich vom Thema fasziniert bin, weil ich gleich von Anfang an so tolle Erfahrungen mache.

Ich hatte letztes Wochenende – 21. – 22. März – ein tolles Seminar (ich gebe bundesweit Reiki-Kurse) und habe mich dabei mit drei Kapseln „gedopt", spontan haben sich Teilnehmer für den Fortgeschrittenenkurs, dem V. Reikigrad, angemeldet. Mittwoch 25. Januar: es hat sich eine weitere Person spontan angemeldet für das Seminar in zehn Tagen. Eine weitere Dame, die mich ebenfalls letztes Wochenende erlebt hat, will gleich drei Reiki-Grade machen. Ich muss SEHR gut drauf gewesen sein! Für mich wirken die Kapseln tatsächlich wie ein Dopingmittel, aber ich bin trotzdem entspannt und fühle: dieses Mittel tut mir gut.

26. Januar: ich mache gerade wieder meinen wöchentlichen Fastentag. Dank der „Wunderkapseln" erlebe ich ihn wieder ohne Unwohlsein, Schwindel und andere Beschwerden, wie ich sie

sonst kannte. Ich nehme einfach morgens und abends zwei Kapseln: fertig.

Ich erlebe unaufgeregtes Wachsein. Oder wache in innerer Ruhe. Kaum zu glauben, dass eine Nahrungsergänzung aus dem Hühnerei den Bewusstseinszustand verändern kann! Ich denke mir, das müssen die Informationen sein, die über die Mundschleimhaut ins Gehirn übertragen werden. Die Botschaft lautet offenbar: "Etwas ganz Tolles kommt!". Der Inhalt der Kapseln kann ja noch gar nicht verdaut sein. Anders kann ich mir dies nicht erklären.

Am 27. Januar schreibe ich an Herrn Scheer: „Gestern hatte ich wieder einen tollen Intervall-Fastentag. Keine Schwächeanfälle. Mein Blutdruck ist 90 zu 60, und da ist mir normalerweise öfters schwindelig beim Fasten. Einen 6-Kilometer-Lauf an der Elbe in klirrender Kälte absolvierte ich mit Bravour und war sehr produktiv beim Schreiben eines Reiki-Buches. Also wieder: ein voller Erfolg. Allerdings mit intuitiver Wohlfühldosis: 8 Kapseln! Ich denke, das interessiert auch andere Menschen: wie sie ihren Alltag mit all seinen Herausforderungen besser bewältigen können. Denn die Anforderungen sind ja „nicht ohne". Jeder, das glaube ich, wünscht sich ein stabiles Gefühlsleben mit sonnigem Gemüt, das heißt: Optimismus, Vertrauen, Füllebewusstsein. Der Seelenplan JEDES Menschen möchte erfüllt werden. Dazu bedarf es der entsprechenden Energie. Und Durchlässigkeit für Eingebungen „von oben". Wenn wir zu sehr stressgeplagt sind, machen wir „dicht".

Wie schön wäre eine Welt, wenn jeder ein beständig ausreichendes Energielevel hätte, alles machen kann, wozu ihn seine Seele inspiriert, und wir vom Mangel- ins Füllebewusstsein avancieren. Diese Stärke ist wichtig für unser Selbstbewusstsein. Ist dies stark, trauen wir uns viel mehr zu. Es ist eine Spirale nach oben, *never ending*, ohne Ende."

Am 31. Januar schreibe ich: „Heute Morgen kam mir die Idee: Ich habe noch nie unmittelbar ein so sensationelles Gefühl, einen solchen Stimmungswandel nach dem Essen einer Nahrungsergänzung gehabt. Vom Mangel- ins Füllebewusstsein. Wenn Menschen damit ihre Power bekommen, können sie endlich etwas bewegen und verändern. Damit wird die Welt ein besserer Ort.

01. Februar: Ich bedanke mich für den tollen Erfahrungsbericht, s. Seite 89, der ja wirklich sensationell und berührend klingt. Ein Placebo-Effekt ist bei einem achtmonatigen Baby ausgeschlossen! Ich sehe dieses Mittel ganzheitlich. Es transformiert Stress, Ärger, Sorgen und andere negative Gefühle. Ich erlebe eine gleichmäßige optimistische Grundstimmung, innere Heiterkeit und mehr Selbstbewusstsein als sonst. Dadurch, dass ich selbst (noch) besser drauf bin, werde ich auch von meinen Mitmenschen (noch) besser behandelt. Ich habe noch mehr Mut als sonst, Dinge anzusprechen, die mich stören, wobei ich offenbar öfter als früher den richtigen Ton treffe.

Bis 22 Uhr bringe ich Höchstleistungen am Computer. Ich schreibe gerade an zwei Büchern gleichzeitig, möbliere eine Eigentumswohnung, gebe an jedem zweiten Wochenende Seminare usw. Das alles ist subtil, aber fühl- und erlebbar. „Das Wundermittel aus dem Hühnerei" schenkt mir Energie für alle meine Projekte, und die Befürchtung, dass ich mich damit überfordern könnte und irgendwann auf dem Zahnfleisch gehe, hat sich komplett verflüchtigt.

Heute habe ich mir einmal versuchsweise vier Kapseln als eine Portion genehmigt. Ergebnis: ich lief stundenlang mit einem Dauergrinsen durch die Gegend, einschließlich Joggen an der Elbe in eisigem Wind.

Es ist tatsächlich ein kleines Wunder, was dieses Zaubermittel bewirkt. Das Ei des Kolumbus aus dem Hühnerei!

02. Februar: Tatsächlich hat noch nie ein Nahrungsergänzungsmittel eine so direkte und profunde – tiefgreifende – Wirkung auf mich gehabt.

03. Februar: Doping. Hoppla, ich „hänge schon am Haken", bin wohl Junkie. Besser als Alkohol, Cappuccino, was weiß ich, denke ich. Weil es ja kein Aufputschmittel ist, sondern Lebenskraft

schenkt. Nicht „so tun als ob" wie bei Kaffee/ Matcha-Tee usw., sondern wirklich mehr Energie gibt.

05. Februar: Ich hatte wieder ein tolles Seminarerlebnis mit unglaublich guter Energie. Fokussiert, ruhig, souverän. Prompt hatte ich wieder eine unerwartete zusätzliche Anmeldung.

08. Februar: Seit Montagabend habe ich eine kleine Virusinfektion. Eine Teilnehmerin vom Wochenende hat mich wohl angesteckt. Erhöhte Temperatur, Schwindel, Kopfschmerzen und ab und zu Husten.

Meine Erfahrung: Ich habe überhaupt keine „psychoaktive" Wirkung verspürt wie sonst. Sehr interessant. Der Körper nutzt dieses Power-Mittel wohl, um seine Selbstheilungskräfte zu stimulieren. Da bleibt für psychische „Highs" offenbar nichts übrig!

Rückschauend hatte die Seminar-Teilnehmerin mit ihrem Infekt wesentlich länger zu tun, länger als eine Woche. Ich war nach drei Tagen „durch" und fühlte mich danach nicht geschwächt, sondern gestärkt. So wie man das bei kleineren Kindern erlebt, die durch Infektionskrankheiten einen Entwicklungsschub machen und daraus erstarkt und klar herausgehen.

Als ich aus Berlin kam, hatte ich die Kapsel-Dose im Koffer vergessen. Am zweiten Tag der Abstinenz fehlte es mir so, dass ich fast panisch in den Keller lief und den Kofferinhalt durchwühlte. Als ich endlich die Dose fand, war ich erleichtert, genehmigte mir drei Kapseln, und merkte unmittelbar: ich komme wieder zur Ruhe, ich bin wieder innerlich stark. Der Tag war gelaufen, im positiven Sinn.

Zur Mythologie des Eies

Das Ei galt bereits in der Frühzeit als Symbol für Gesundheit, Fülle und Fruchtbarkeit. Schon immer faszinierte es den Menschen. Viele Religionen verehren das Ei als Ursprung der Schöpfung, als Anfang von allem. Der große Mutterschoß und die Vereinigung aller Gegensätze. Das Ei als den Ursprung der Welt findet man in Ägypten, Phönizien, China, Indien, Japan, Griechenland, Mittelamerika, Finnland und auf den Fidschi-Inseln. In Ägypten gibt es das Welten-Ei, aus dem die Sonne *Re* schlüpfte. „Es wächst, ich wachse; es lebt, ich lebe." (Totenbuch). Im Buddhismus gilt die Eischale als „Schale der Unwissenheit", und um sie zu durchbrechen, bedarf es der zweiten Geburt und der Erleuchtung, wobei Raum und Zeit transzendiert werden. In der griechischen Orphik ist das Ei das Geheimnis des Lebens. Mit seiner perfekten Form gilt es auch als vollkommenes Geschöpf. Einerseits ist das Ei zerbrechlich, andererseits stark. Für das menschliche Gehirn, so Britta Teckentrup im Kultbuch „Das Ei", „ist die ununterbrochene Krümmung des Eis die angenehmste Form, die es gibt."

Das Ei ist ein perfektes Brutsystem, ein Wunder der Natur. Die Schale ist stark und doch dünn genug, dass ein Küken schlüpfen kann. Betrachtet man die Eischale unter einem Mikroskop, stellt man fest, dass sie aus dicht zusammengepressten Kristallen besteht. Durch kleine Poren in der Schale kann das Embryo atmen. Ein Häutchen im Inneren hält Bakterien und Staub ab. Das Eiklar dient dem Schutz und der Ernährung des Kükens, ähnlich wie beim Menschen die Plazenta. Kleine gedrehte Hagelschnüre halten das Eigelb in der Mitte des Eies.

Nur, wenn das Ei befruchtet ist, kann sich ein Küken daraus entwickeln. Die Hühner-Embryos wachsen 21 Tage lang im Innern des Eies. Diese Zeit nennt man auch Inkubationszeit. Danach pickt sich das Küken seinen Weg durch die Schale und schlüpft hinaus.

Das Ei des ausgestorbenen Elefantenvogels, der auf Madagaskar lebte, war 34 Zentimeter lang und wog rund zehn Kilogramm. In ein Elefantenvogel-Ei würden etwa 160 Hühnereier passen. Das kleinste Ei der Welt ist das des Kolibris. Es ist nur zehn Millimeter lang, das entspricht der Größe einer Kaffeebohne. Tiere, die Eier legen, sind nicht nur Vögel. Dazu gehören auch viele Insekten, Frösche, Schlangen, Lurche, Fische, Schnabeltiere, Ameisenbären und Schildkröten. Das Geschlecht einer Schildkröte wird durch die Temperatur im Nest bestimmt. Die einzigen Säugetiere, die Eier legen, sind das Schnabeltier und der Ameisenbär. Sie leben in Australien und Neuguinea. Es handelt sich um die ältesten Verwandten der modernen Säugetiere, die sich schon vor 112 Millionen Jahren entwickelten. Die Dinosaurier starben erst vor 60 Millionen Jahren aus.

Alles Leben kommt aus dem Ei. Daher gilt das Ei überall auf der Welt als Quelle des Lebens. Es symbolisiert den Beginn des Lebens, Gesundheit, Fruchtbarkeit, Wiedergeburt und ewiges Leben. Viele Kulturen verknüpften und verknüpfen mit dem Ei magische Kräfte und Übernatürliches. In vielen traditionellen Kulturen beginnt das Universum mit einem „kosmischen" Ei. Einige Traditionen glauben, dass sich aus dem oberen Teil dieses Eies der Himmel, aus dem unteren die Erde entwickelte.

Für Christen gilt das Ei traditionell als Symbol für die Auferstehung Christi. So wurden früher auf Gräber von Christen Eier gelegt. Die Christlich-Orthodoxen färben Eier rot, um an den Kreuztod von Jesus zu erinnern. Über dem Altarbild von Piero della Francesca, „Madonna mit Kind und Heiligen", etwa 1470, hängt über der heiligen Maria ein Straußenei als Zeichen der

Jungfräulichkeit und Auferstehung. Viele Künstler wie Salvador Dalí, René Magritte und Leonardo da Vinci feierten mit ihren Werken das Ei als Quelle des Lebens und der Schöpfung.

In vielen Mythologien gibt es Helden und Götter, die aus Eiern geschlüpft sind. Eine der Legenden handelt von Leda und dem Schwan. Der griechische Göttervater Zeus verwandelt sich in einen Schwan, um die schöne Leda, Königin von Sparta, zu begatten. Leda legte daraufhin zwei Eier, aus denen zwei Zwillingspaare geboren wurden, Pollux und Helena von Troja sowie Castor und Klytaimnestra.

Seit Jahrtausenden gibt es im Frühling den Austausch von Eiern, lange bevor die Christen Ostern feierten. Das Ostereirollen der Christen soll das Wegrollen des Grabsteins Christi symbolisieren. Eier symbolisieren im Christentum Auferstehung und Neubeginn. Von außen wirkt das Ei kalt und tot, doch hinter der Schale wächst neues Leben. Während der Fastenzeit vor Ostern durften Christen keine Eier essen. Man bemalte Eier und kochte sie hart, um sie dann zu Ostern zu verspeisen. In der katholischen Kirche war es lange Zeit üblich, gefärbte Ostereier zu weihen. Merksprüche wie „Wie der Vogel aus dem Ei gekrochen, hat Jesus das Grab zerbrochen" waren weit verbreitet. Die armenischen Christen waren Vorreiter dieses christlichen Brauchs und schenkten sich bereits in den ersten Jahrhunderten nach Christus zum ersten Mal Eier.

Das Ei gilt als Symbol der Reinheit, Unschuld, Totalität und Vollkommenheit. In Österreich findet man als Brauch das „Antlassei", ein am Gründonnerstag gelegtes und dann geweihtes Ei, das Unheil abwenden soll. Wird es über das Hausdach geworfen, schützt es das Gebäude vor Blitzschlag.

Eier-Verzierungen haben eine lange Tradition. Durch Eier als kleine Kunstwerke wurde und wird der Frühling begrüßt, die Fruchtbarkeit gefeiert oder die Auferstehung Christi. Man hat Eier voller Schnitzereien und Gravuren gefunden, die mehrere Tausend Jahre alt sind. Das teuerste Ei ist das Fabergé-Ei, vom russischen Juwelier Peter Carl Fabergé aus Gold hergestellt. Zar Alexander III. schenkte seiner Frau, Zarin Maria Feodorowna, die wertvollsten Fabergé-Eier. Nur fünfzig wurden je geschaffen, wovon noch 43 existieren. Das letzte „kaiserliche Ei", das auf den Markt kam, wurde für 23 Millionen Euro verkauft.

Das goldene Ei ist Mythos und Symbol. Es steht für Wohlstand, Glück, ein langes Leben und Gesundheit. In Aesops Fabel „Die Gans, die goldene Eier legte" taucht es auf, den Märchen der Gebrüder Grimm, aber auch im vierten Band von Harry Potter, in dem Drachen das magische goldene Ei beschützen.

Auch in diesem Buch geht es um das Ei. Das „goldene Ei" ist vielleicht kein Mythos mehr, sondern wird Wirklichkeit. Gesundheit, Glück und ein langes Leben rücken mit einem ganz besonderen Extrakt aus dem Hühnerei in greifbare Nähe.

Das Hühnerei – ein Nährstoffwunder der Natur

Der ganz besondere Wachstumsfaktor, in dem es in diesem Buch geht, wird aus dem Hühnerei am 9. Tag der Befruchtung gewonnen. Was hat es überhaupt mit Hühnereiern auf sich, und warum sind sie ein solches Power-Paket an Nährstoffen?

„Ei" bedeutet die befruchtete oder unbefruchtete Keimzelle von Menschen und Tieren. Im Ei bzw. seinem Zellkern finden sich alle wesentlichen Anlagen für die Entwicklung eines neuen Lebewesens. Bei Vögeln ist die Eizelle eingehüllt von Eiweiß und Eidotter und durch eine Kalkschale geschützt. Aus dem Ei erwächst neues Leben. Daher ist das Ei auch ein Symbol für Leben, potenzielle Lebenskraft, Fruchtbarkeit und die Wiederkehr des Lebens. Kein Wunder, dass Eier von unseren Vorfahren sogar als Grabbeilagen verwendet wurden. Die Entwicklung des Eies dauert beim Huhn etwa 24 Stunden. Daher kann eine Henne nur maximal ein Ei pro Tag legen.

Pro 100 Gramm enthalten Hühnereier nur 154 Kilokalorien und 0,7 Gramm Kohlenhydrate. Auffällig ist ihr Eiweißgehalt von 12,9 Gramm. Wussten Sie, dass das Eigelb mehr Eiweiß enthält als das Eiweiß? Es handelt sich beim Hühnerei um ein derart wertvolles Eiweiß, dass das Hühnerei als Referenzwert für die Hochwertigkeit von Eiweiß gilt. Es befinden sich sämtliche essenziellen Aminosäuren im Ei – das sind Aminosäuren, die der Körper sich über die Nahrung zuführen muss – und nicht essenziellen Aminosäuren. Und zwar in genau der Zusammensetzung und Gewichtung, wie sie der menschliche Körper braucht. Man spricht daher von „perfektem Aminosäurenprofil". Dabei ist das Hühner-Eiweiß im Gegensatz zum Soja-Eiweiß sehr leicht verdaulich.

Hühnereier enthalten fast alle Vitamine, außer Vitamin C. In Eiern finden sich außerdem beträchtliche Mengen am Augen-Vitamin A, was auch als Antioxidanz für Zellgesundheit sorgt, Vitamin B12, die Vitamine D und E sowie Lezithin. Damit stellen Hühnereier eine hervorragende Eiweiß- und Vitaminquelle dar, fördern die Bildung von roten Blutkörperchen, stärken das Nervensystem und sorgen für eine gute Sicht. Außerdem fördern sie von innen heraus eine gesunde Kollagenbildung der Haut und sind insofern ein Schönheitsmittel. Ein durchschnittlich großes Hühnerei deckt bereits bis zu 38 Prozent des täglichen Bedarfs an Vitamin B12. Hühner, die freien Auslauf haben und frische Wildkräuter, Insekten, Würmer und Schnecken fressen, weisen einen weit höheren Nährwert auf als Batteriehühner. Studien haben ergeben, dass im Vergleich zu

Eiern von Hühnern, die nur Körner verfüttert bekommen, solche Eier 2/3 mehr Vitamin A, doppelt so viele Omega-3-Fettsäuren, 3 Mal mehr Vitamin E, 4 bis 6 Mal mehr Vitamin D, 7 Mal mehr Beta-Carotin, 1/3 weniger Cholesterin und ¼ weniger gesättigte Fettsäuren aufweisen (vgl. Mother Earth News, englischsprachige Version unter http://motherearthnews.com/eggs.aspx und Wikipedia zum Thema „Hühnerei").

Der Extrakt aus dem Hühnerei, in dem es in diesem Buch geht, stammt von Hühnern, die natürlich gehalten werden: mit einem Hahn zur Befruchtung, Auslauf im Freien und Bio-Futter. Der Extrakt wird VOR der Entwicklung des Embryos, im vorembryonalen Zustand, gewonnen. Das Ei ist also einfach nur: ein Ei.

Hühnereier enthalten mit 3,1 Gramm pro 100 Gramm relativ wenig gesättigte Fettsäuren. Mit 4 Milligramm EPA und 37 Milligramm DHA sind Eier ein guter Lieferant von Fettsäuren, die unser Gehirn für seine optimale Funktion braucht. Der Cholesteringehalt ist zwar mit 425 Milligramm pro hundert Gramm recht hoch. Da das Cholesterin im Hühnerei allerdings den Cholesterinspiegel kaum erhöht, ist man von der Empfehlung, nur maximal zwei Eier pro Woche zu verzehren, längst wieder abgerückt. Wir erinnern uns: die vor kurzem (2017) mit 117 Jahren gestorbene älteste Bürgerin der Welt aß seit den 1930er Jahren täglich zwei bis drei rohe Eier. Das hatte ihr damaliger Arzt ihr aufgrund ihres Eisenmangels empfohlen. Auch der Folsäuregehalt in Eiern ist mit 65 Mikrogramm beachtlich. In nennenswerten Mengen finden sich folgende Mineralstoffe und Spurenelemente in Hühnereiern: Natrium, Kalium, Magnesium, Kalzium, Mangan, Eisen, Kupfer, Zink, Phosphor, Selen, Schwefel und sogar 10 Mikrogramm Jod.

Eier sind „in". Unter der Überschrift „Jetzt kommt der Eiweiß-Hype" veröffentlichte die „Welt Kompakt" am 12. Juni 2017 einen Artikel. Thema: Immer mehr Sportler und Diät-Willige schwören auf flüssiges Eiklar. Der Trend kommt aus den USA, und neuerdings gibt es auch bei uns von der Firma „Pumperlgsund" Eiklar aus der Flasche. Jan Göktekin hat mit Fitness und Eiklar in zehn Wochen 9,1 Kilogramm Fett und 29 Zentimeter Bauchumfang verloren. Auch neun Bekannte, welche diese „Challenge" mitmachten, verloren ihre „Plauze". „Göktekins Wunderwaffe war dabei – ganz unspektakulär – Eiweiß. Klassisch aus dem Hühnerei, und zwar in Reinform." „Das ist einer der besten Sattmacher", erklärt der Produktmanager. „Noch dazu heizt es den Stoffwechsel an und damit auch die Fettverbrennung."

Die FAZ publizierte am 13. Juni den Artikel „Schon jeder dritte Mensch leidet an Übergewicht". Laut einer Studie vom „Institute for Health Metrics and Evaluation" der Universität von Washington in Seattle waren 2015 rund 2,2 Milliarden Menschen zumindest übergewichtig, das entspricht etwa 30 Prozent der Weltbevölkerung. Im selben Jahr waren 700 Millionen Menschen auf der Welt fettleibig, darunter 100 Millionen Kinder. Die Zahl der Fettleibigen hat sich in 73 Ländern seit 1980 verdoppelt. Wie schön, dass Eier – und auch der Extrakt aus dem Hühnerei! – helfen, Gewicht zu verlieren und schlank zu bleiben. Aber: Nicht nur Abnehmwillige sorgen für rege Nachfrage nach Eiklar aus der Flasche, sondern auch Vegetarier und Senioren, die oft unter Eiweißmangel leiden. Außerdem ist Eiweiß der Hit bei Sportlern, die Eiweiß gezielt zum Muskelaufbau nutzen.

Das Geheimnis der Emma Morano, 117 Jahre, älteste Bürgerin der Welt

Mich erstaunen immer wieder Methusalems, die geistig und körperlich fit sind und irgendwann an Altersschwäche sterben. So gibt es in Berlin einen fitten 100jährigen, der immer noch Kindern im Schwimmbad Kraulen und Brustschwimmen beibringt. Mein Opa ist mit 105 Jahren an Altersschwäche gestorben und war bis fast zuletzt im Garten aktiv. Heute stirbt nur noch jeder 115. Mensch an Altersschwäche, alle anderen an Krankheiten. Wird darüber berichtet, dass ein alter Mensch gestorben ist, kommt als nächstes die Frage: „Woran ist er denn gestorben?". Die meisten können sich nicht mehr vorstellen, dass jemand einfach abends die Augen zumacht und sie morgens nicht wieder aufschlägt. Das sollte aber der Normalzustand sein! Wir sind nicht dazu bestimmt, in Siechtum und Krankheit unseren Lebensabend zu verbringen oder gar auf der Intensivstation eines Krankenhauses, „zugedröhnt" mit Morphinen und Opiaten, dem Tod entgegen zu dämmern.

Die zierliche Emma Morano ist ein Jahrhundertereignis. Sie war der letzte Mensch, der in drei Jahrhunderten gelebt hat. Mein Opa, der im Jahr 2000 starb, war auch ein solcher „3-Jahrhunderte-Mensch". 1899 wurde Morano im norditalienischen Dorf Civiasco im Piemont als älteste von acht Kindern geboren. Damals lebte noch Giuseppe Verdi, Opel hatte gerade das erste Auto gebaut, die Bayer AG ließ sich Aspirin als Markenzeichen eintragen, und die erste Telegrafenleitung wurde über den Ärmelkanal gebaut. 1938 verließ sie ihren gewalttätigen Ehemann und lebte fortan allein. 2016 konnte sie noch ihren 117. Geburtstag feiern. Am 15. April 2017 ist sie friedlich eingeschlafen.

Erst seit 2015 hatte Emma Morano eine Pflegekraft, die sie täglich besuchte. Im Kopf fühle sie sich noch klar, sagte Morano an ihrem 117. Geburtstag. Warum wurde sie so alt? „Ich esse jeden Tag zwei Eier, und das ist es", sagte sie." („Panorama" vom 15. April 2017) Die Tradition des „Viele-Eier-Essens" stammte aus dem Jahr 1936, als ihr damaliger Arzt ihr wegen Anämie den täglichen Verzehr von zwei rohen und einem gekochten Ei empfahl. So hat Morano in ihrem Leben etwa 109 000 Eier verspeist! Erst die letzten zehn Jahre reduzierte sie die „Dosis" auf zwei Eier pro Tag. Ansonsten trank sie ab und zu selbstgebrannten Grappa. „Es geht mir gut", erklärte sie, als ihr mitgeteilt wurde, dass sie nun der älteste Mensch auf dem Planeten sei. Sicher spielten auch ihre Gene eine Rolle. Ihre Mutter, eine Tante und mehrere Schwestern wurden über 90 Jahre alt, und eine Schwester starb erst mit 103 Jahren.

Im Internet gibt es ein Interview von Morano, an ihrem 117. Geburtstag aufgenommen. Sie wirkt lustig und fröhlich. Ihr Hausarzt Carlo Bava erklärte noch kurz vor diesem Ehrentag, sie sei in guter Verfassung und nehme auch keine Medizin. An ihrem 116. Geburtstag hatte sie noch für ihre Gäste ein Ständchen gesungen (vgl. Wikipedia „Emma Morano"). Ab und zu gönnte sie sich Gianduitto-Nougatpralinen, wenn ihr Arzt ihr dies „erlaubte". Ihre Nichten Rosemarie und Antonietta sahen täglich nach ihr und halfen ihr im Alltag. Es gibt ein Video von Morano, in dem sie an ihrem 115. Geburtstag mit einem der vielen Geburtstagsgäste tanzt. Walzer tanzen war ihre Leidenschaft schon in der Jugend. Vor dem Tod hatte sie keine Angst. „Wenn er kommt, dann kommt er. Außerdem bete ich viel." An ihrem Todestag gehörte Morano zu einem Kreis von lediglich sechs Personen weltweit, die jemals das 117. Lebensjahr vollendet hatten. Seit ihrem Tod ist die Jamaikanerin Violet Brown, geboren im Jahr 1900, die älteste lebende Person der Welt. Die Vorgängerin von Morano, die US-Amerikanerin Susannah Mushatt Jones, „Miss Susie", wurde immerhin 116 Jahre alt. Im „Berliner Kurier" vom 13. Mai 2016 heißt es zu ihr: „Sie liebte Wassermelone sowie Eier und Speck zum Frühstück." Auch hier wieder: Eier! Natürlich wird nicht jeder, der zwei bis drei Eier täglich ißt, ein

Methusalem werden. Wie gesagt, auch die Gene spielen eine Rolle. Und wahrscheinlich auch die Abstinenz von Medizin jeder Art, ein fröhliches Gemüt und das Aufgehobensein in einer großen Familie. Emma Morano straft das Vorurteil Lügen, dass Eier den Cholesterinspiegel erhöhen und damit ein Risiko für Herzinfarkt und Schlaganfall darstellen. Diese Meinung ist wissenschaftlich zwar längst überholt, aber trotzdem nicht auszurotten. Wenn das stimmen würde, hätte Morano schon in jungen Jahren wegen Arterienverkalkung sterben müssen. Durch diese erstaunliche Frau sind Eier nicht nur völlig rehabilitiert, sondern ihr gesundheitlicher Wert springt einem geradezu entgegen.

Zuletzt hatte Morano keine Zähne mehr. Eier aber sind weich, roh oder und gekocht. Wahrscheinlich haben Eier, in denen fast alles steckt, was wir brauchen, Moranos Gesundheit so gefördert, dass sie nicht nur uralt, sondern dies auch in guter Verfassung werden konnte. Auch die Nachfolgerin von Emma Morano als ältester Mensch der Welt ist jetzt mit 117 Jahren uralt und wie diese nicht an einer Krankheit, sondern an Altersschwäche gestorben. Und auch das Geheimnis von Violet Brown, geboren am 10. März 1900 auf Jamaika, waren: Eier! Wie Emma Morano, schrieb auch sie ihre Langlebigkeit einer speziellen Diät zu, so die FAZ vom 19. September 2017 unter dem Titel „Älteste Frau der Welt in Jamaika gestorben": „Sie esse jeden Tag drei Eier, zwei davon roh, erzählte sie im April dem „Jamaica Gleaner"". Hier haben wir es wieder, das Geheimnis aus dem Hühnerei, ein Kraftpaket von Mutter Natur.

Sicherlich haben beide weiblichen Methusalems bei ihrem immensen Eierkonsum auch ab und zu ein Ei erwischt genau neun Tage nach seiner Befruchtung und damit voll von FGF2, was ihre Stammzellenproduktion für eine optimale Zellregeneration befeuert haben dürfte. Täglich Eier, mindestens eins davon roh, und der Extrakt aus dem Hühnerei mit einem speziellen Wachstumsfaktor – damit sind wir schon einen guten Schritt weiter in Richtung Langlebigkeit gepaart mit hoher Lebensqualität.

Zur Geschichte und zum Hintergrund des Extraktes aus dem Hühnerei

Wenn Sie Kinder beobachten oder sich in Ihre eigene Kindheit zurückversetzen, fällt Ihnen sicherlich etwas auf. Kinder haben bis auf gelegentliche Infektionskrankheiten, die das kindliche Immunsystem trainieren und fitmachen, meist keinerlei der bei uns Erwachsenen typischen Beschwerden, die im Alter noch zunehmen. Sie haben keine „Zipperlein", bei Ihnen zwickt und zwackt es nicht, sie sind voller Bewegungsdrang, Neugier und Lebensfreude. Ihnen fällt nicht nur das Lernen leicht, sondern sie sind geradezu erpicht darauf, Neues zu lernen. Niemand lernt so leicht und schnell wie kleine Kinder. So ist der Erwerb der Sprache für sie keine mühevolle Anstrengung, sondern ein Kinderspiel, ein Leichtes. Viele Kinder wachsen heutzutage sogar zweisprachig auf. Die Eltern anderer Kinder ziehen in ein Land mit einer anderen Sprache, und ihre Kinder lernen sie schnell. Beides macht Kindern überhaupt keine Mühe, im Gegenteil. Man sagt auch, sie „saugen eine neue Sprache wie die Muttermilch auf."

Verglichen mit kleinen Kindern haben wir mit dem Erlernen einer neuen Sprache viel, viel mehr Mühe.

Zahlreiche Erwachsene geben das Projekt frustriert auf, es ist ihnen einfach zu mühselig.

Kleine Kinder zeichnet etwas Besonderes aus, was vielleicht den Schlüssel darstellt zu jugendlichem Lerneifer und strahlender Gesundheit eines Kindes.

Ein bestimmtes Glykoprotein ist bereits in der Plazenta des Mutterleibs der Treibstoff dafür, dass ein Wunder geschieht. Dieses Wunder besteht in der Ausdifferenzierung von unspezifischen Stammzellen in die spezialisierten Zellen der verschiedenen Organe wie Herz, Nerven oder Darm. Diesen Prozess, bei dem wie durch einen unsichtbar tätigen Dirigenten juvenile, das heißt jugendliche Stammzellen ausschwärmen und den Organismus in seinen Einzelheiten bilden und formen, könnte man vielleicht als „Wunder der Entwicklung höheren Lebens" oder schlicht „Wunder des Lebens" bezeichnen.

Ohne Glykoprotein, das all dies bewirkt, wären wir lediglich ein Zellhaufen und kein Mensch. Die körpereigene Produktion von Glykoprotein nimmt im jugendlichen Organismus immer mehr ab, bis sie mit etwa 23 Jahren vollständig eingestellt wird. Von diesem Zeitpunkt an beginnt unser Körper zu altern.

Was wäre, wenn wir das Glykoprotein, das unsere Zellen verjüngt und Schadhaftes repariert, auch noch im fortgeschrittenen Alter zur Verfügung hätten? Wir könnten damit das Altern und die Entstehung von altersbedingten Krankheiten wesentlich hinauszögern, und auch das letzte Drittel unseres Lebens aktiv, produktiv und damit erfüllt verbringen. Das Glykoprotein, von dem die Rede ist, sorgt nämlich dafür, dass Störungen und Krankheiten automatisch, schnell und im Einklang mit der Weisheit unseres Körpers behoben werden.

Es gibt einen „Faktor X", der genau dies bewirkt. Wir besitzen in unserem Körper Stammzellen. Dieser „Faktor X" bewirkt nun, dass die Produktion neuer Stammzellen wie in den „besten Zeiten" unserer Kindheit und Jugend angekurbelt wird. Der Körper wird dadurch wieder dazu gebracht, altes Gewebe durch neues zu ersetzen und alle Organe im Körper zu reparieren und zu verjüngen. Für das „Orchester" unseres Körpers gab es einmal einen „Dirigenten", der in unserem Organismus für eine wunderschöne Symphonie des Lebens sorgte. Dieser „Dirigent" wurde im fortgeschrittenen Alter müde und verbraucht und hatte dadurch sein „Orchester" nicht mehr im Griff. Immer mehr Misstöne entstanden, und immer mehr Organe streikten und kamen aus dem Takt.

Es geht mit dem „Faktor X" darum, einen neuen, jungen und unverbrauchten Dirigenten einzustellen, der wie in den besten Zeiten unserer Jugend das Orchester unseres Körpers zu Höchstleistungen bringt, zum Klingen in höchster Harmonie, so dass wir wieder mit hervorragenden Auftritten auf der Bühne des Lebens glänzen können. Es ist nämlich nie zu spät, innerlich jung und jugendlich zu sein!

Zur Geschichte des einzigartigen Extrakts

Bereits 1929 experimentierte ein kanadischer Arzt namens John R. Davidson, spezialisiert auf Krebserkrankungen, mit befruchteten Hühnereiern. Er hatte sich gefragt, warum Eier so gesund sind und warum im Hühnerei in so kurzer Zeit ein perfektes Lebewesen entsteht. So entnahm er befruchteten Hühnereiern in den verschiedenen Phasen ihrer Entwicklung Extrakte und untersuchte diese gründlich. Dabei fand er heraus, dass genau am 9. Tag der Eientwicklung die Differenzierung der Zellen zur Ausbildung eines Hühnerembryos mit all seinen verschiedenen Organen und Fähigkeiten begann.

Diesen isolierten Extrakt aus dem Eiklar verabreichte er seinen Krebspatienten. Er spritzte ihn auch zum Teil direkt in Tumore hinein. Eine allgemeine Verbesserung ihres Gesundheitszustandes setzte ein. Für seine bahnbrechenden Erkenntnisse erhielt Dr. Davidson allerdings nicht die notwendige Anerkennung. Vielleicht war er damit seiner Zeit voraus. Oder auch damals war die Pharmaindustrie schon mächtig genug, um das Bekanntwerden dieser sensationellen Entdeckung zu vereiteln. Jedenfalls starb

Dr. Davidson 1943, und seine Forschungsergebnisse gerieten in Vergessenheit.

Etwa fünfzig Jahre später aber setzte ein norwegischer Arzt, Dr. Björn Eskeland – er starb 2015 – die Forschungen von Dr. Davidson fort. Den besonderen Wert des Extraktes aus dem befruchteten Hühnerei am 9. Tag nach der Befruchtung konnte Dr. Eskeland mit den neuesten wissenschaftlichen Methoden bestätigen. Mit der Isolierung einer einzelnen Komponente aus dem Eiweiß in diesem besonderen Wachstumsstadium legte er die Grundlage für ein einzigartiges und patentiertes Produkt.

Zentraler Bestandteil dieses Produktes ist der von mir provisorisch als „Faktor X" bezeichnete Stoff, von Wissenschaftlern „Fibroblasten Wachstumsfaktor 2" oder FGF2 genannt. Die Abkürzung kommt von der englischen Bezeichnung „Fibroblast Growth Factor". Man kann auch von präembryotischen Signalmolekülen sprechen. Zusammen mit zweiundzwanzig Aminosäuren aus pflanzlicher und mariner Herkunft sowie Vitaminen und Spurenelementen natürlichen Ursprungs sorgt dieses Produkt dafür, dass ein kraftvoller Reparatur- und Verjüngungsmechanismus im Körper anspringt, wie in den besten Zeiten unserer Jugend. Die körpereigene Stammzellenproduktion wird aktiviert und stimuliert. Diese Stammzellen schwärmen überall hin ins Gewebe aus, um krankhafte und beschädigte Zellen zu reparieren oder durch neue, gesunde Zellen zu ersetzen. Das Orchester unseres Organismus hat wieder einen jungen und fitten Dirigenten, und die Ensemble-Mitglieder werden wieder jung, gesund und unverbraucht. So kann wieder die wunderschöne Melodie unseres Lebens erklingen, und wir finden zu strahlender Gesundheit und seelischem Wohlbefinden zurück.

Ärzte können das Gehirn scannen und so Stammzellen entdecken. Sie hatten bisher aber nicht die Möglichkeit, die ruhenden Stammzellen zu reaktivieren und dem Körper das Signal zum Regenerieren zu geben. Offenbar können Zellen reprogrammiert werden, um Stress besser zu verkraften. Die Kollagenbildung wird angeregt, und dadurch wird die Haut wieder jungendlich.

Sogar bei alten Wunden können Heilungsprozesse angeregt werden. Offenbar wirken diese speziellen Signal-Moleküle mit den weiteren wertvollen Inhaltsstoffen synergetisch zusammen. Das natürliche Nahrungsergänzungsmittel enthält prä-embryonale Signalmoleküle, welche die ruhenden Stammzellen aktivieren und dem Körper das Signal zum Regenerieren signalisieren.

Studien beegen, dass dieser spezielle Wachstumsfaktor FGF2 den Stresspegel im Körper und besonders das Niveau des Stresshormons Cortisol senkt. Stress schwächt unser Immunsystem und führt auf die Dauer zu Krankheiten jeder Art.

Das Nahrungsergänzungsmittel natürlichen Ursprungs harmonisiert unsere Körperfunktionen, indem durch den Wachstumsfaktor FGF2 ruhende Stammzellen aktiviert und die Stammzellenproduktion stimuliert werden. Störungen und Krankheiten sowie krankhafte Gewebeveränderungen werden ausgeglichen und ins Gleichgewicht gebracht, indem kranke und schadhafte Zellen durch gesunde und spezifische ersetzt werden, die genau in diesen Teil des Körpers gehören.

Was sagt die Wissenschaft zur Wirkung vom Fibroblasten-Wachstumsfaktor?

Es gibt mittlerweile zahlreiche wissenschaftliche Studien zum Thema Fibroblasten-Wachstumsfaktoren. Können wir uns damit einen Teil der verlorenen Jugend zurückholen? Wieder so mühelos und gern lernen wie Kinder, die eine Fremdsprache in wenigen Monaten erlernen können? Uns wieder so schnell regenerieren können wie Kinder nach seelischen oder körperlichen Verletzungen? Können wir uns mit FGF2 die geistige Flexibilität und Kreativität eines Kindes zurückerobern? Und die Erneuerung und das gesunde Wachstum unserer Zellen stimulieren? Können wir es mit FGF2 erreichen, uns bis ins hohe Alter geistige und körperliche Jugendlichkeit zu erhalten? Den körpereigenen Reparaturmechanismus aktivieren wie in alten Zeiten und damit auch mehr Lebensenergie und Lebensfreude gewinnen?

Können wir mit FGF2 also das Rad der Zeit zurückdrehen, jugendliche geistige Frische erleben, unsere Vitalität verbessern, Stresssituationen souverän meistern, unsere Haut straffen und der Welt wieder neugierig, offen, wissensdurstig begegnen mit den Augen eines Kindes? Kinder, so der Neurobiologe Professor Gerald Hüther, erleben 150 bis 160 Begeisterungsstürme pro Tag, Erwachsene nur durchschnittlich drei bis vier. Wenn man sich überlegt, dass der menschliche Organismus schon ab dem 20. Lebensjahr anfängt zu altern, wäre das ja fast zu schön um wahr zu sein.

In einer Überblicks-Studie, die bereits 1997 von den Forschern Bikfalvi, Klein, Pintucci und Rifkin in der Fachzeitschrift „Endocrine Society" veröffentlicht wurde, geben die genannten Wissenschaftler einen hervorragenden Überblick über den Charakter und Eigenschaften des Wachstumsfaktors FGF2, der dem Extrakt aus dem Hühnerei zugrunde liegt. Der Fibroblasten Wachstumsfaktor 2 gehört zu einer FGF-Familie, die aus mindestens 23 Arten besteht. Der FGF2 hat eine Wirkung auf verschiedene Zell- und Organsysteme, die man „pleiotrop" nennt. Man versteht darunter die Ausprägung verschiedener phänotypischer Merkmale. FGF2 ist ein potentes Molekül zur Förderung des gesunden Wachstums von Blutgefäßen im Tierversuch als auch in Zellkulturen. Dieses Molekül stimuliert darüber hinaus das gesunde Wachstum von Muskelzellen, gesunde Wundheilung und die Reparatur von Körpergewebe, so die Forscher. Darüber hinaus stimuliert FGF2 die gesunde Blutbildung und spielt eine wichtige Rolle bei der Differenzierung und Funktion des Nervensystems.

Hier einige positive Auswirkungen des Extraktes aus dem Hühnerei:

- Reduziert das Niveau von Stresshormonen und damit die Stressbelastung des Organismus,
- wirkt daher effektiv als Burnout-Prophylaxe,
- erhöht die Produktion von Serotonin, dem körpereigenen Wohlfühl- oder Glückshormon,

- aktiviert die Produktion von Melatonin, dem Schlafhormon und gleichzeitig kraftvollstem Antioxidanz zur Bekämpfung freier Radikaler, aggressiver Sauerstoffmoleküle, die für Altern und die Entstehung von Krankheiten verantwortlich sind,
- fördert einen gesunden und erholsamen Schlaf,
- stimuliert die Kollagenproduktion und sorgt damit für eine glatte, straffe und jugendliche Haut,
- verkürzt und vertieft die Erholungsphasen nach anstrengendem Training,
- verbessert Ausdauer und Energieniveau,
- verlängert die Aufmerksamkeitsspanne und verbessert Konzentration und Gedächtnis,
- wirkt stimmungsaufhellend und –stabilisierend,
- verlangsamt Alterungsprozesse und reduziert damit auch die äußeren Anzeichen normaler Alterung wie Altersflecken, graue Haare und Falten.

Der FGF2-Wachstumsfaktor im Hühnerei-Extrakt zusammen mit den weiteren wertvollen, natürlichen Inhaltsstoffen repariert alte oder schadhafte Zellen, regeneriert dadurch den Körper und reinigt den Körper von Ablagerungen und Toxinen jeder Art. Das Ergebnis ist eine stabile Gesundheit und ein gesteigertes seelisches Wohlbefinden.

Der Fibroblasten-Wachstumsfaktor FGF2 – was ist das genau?

 Zur Familie der Fibroblasten-Wachstumsfaktoren FGF gehören dreiundzwanzig Mitglieder, von FGF-1 bis FGF-23. Vielleicht werden in Zukunft noch weitere entdeckt, das lässt sich nicht ausschließen. Es handelt sich um Signalproteine oder Ein-Ketten-Polypeptide, welche als Regulatoren des Zellwachstums und Auslöser der Differenzierung von Zellen fungieren.

Für Stammzellen ist FGF der Katalysator zur Spezialisierung zu Hautzellen, Knochenzellen, Herzzellen und so weiter. Indem sie unsere Stammzellen aktivieren, stimulieren sie die gesunde Vermehrung und Differenzierung aller Art von Körperzellen.

Bei der Entwicklung von tierischen und menschlichen Embryos spielen FGF eine wichtige Rolle. Störungen der FGF-Funktionen führen zu massiven Entwicklungsstörungen des Embryos und zu Miss- und Fehlbildungen. Auch im erwachsenen Organismus übernehmen FGF eine wichtige Aufgabe. Sie sind an der Neubildung von Gefäßen und einer erfolgreichen Wundheilung beteiligt und bei der Regeneration von Knochen- und Knorpelgewebe, von Nerven- und Hautzellen. FGF konnten in fast allen Geweben des Körpers nachgewiesen werden.

FGF2 ähnelt der Struktur von FGF1. FGF1 besteht aus 141 Aminosäuren und ist bekannt für die Initiierung gesunder Zellvermehrung und ihrer Differenzierung. Besonders bekannt ist FGF1 für seine starke Aktivität zur Blutneubildung und wird in der Medizin für diesen Zweck eingesetzt.

Mit dem Extrakt aus dem Hühnerei werden die Selbstheilungskräfte des Körpers angeregt, so dass er wieder selbst in der Lage ist, sich zu helfen und zu heilen. Man spricht von „Adaptogen". Adaptogene optimieren Stressantworten und optimieren bei Stress jeder Art, ob körperlich oder seelisch, das körpereigene Gleichgewicht oder die Homöostase. Damit wirkt der Extrakt aus dem Hühnerei ganzheitlich auf der Ebene von Körper, Seele und Geist und bringt uns „back to balance" und zurück zu strahlender Gesundheit, unserem Geburtsrecht. Adaptogene wirken auf Körper und Geist wie der lang ersehnte Regen, der auf ein Stück ausgedorrtes Stück Land fällt. Der Mensch atmet auf, weil er auf Zellebene endlich das bekommt, was er wirklich braucht.

Die Wirkung vom Fibroblasten Wachstumsfaktor 2 auf die verschiedenen Organe

Einiges wissen Sie jetzt schon über den speziellen Fibroblasten Wachstumsfaktor 2 oder FGF2. Hier bekommen Sie jetzt weitere Informationen, welche ich der Meta-Studie von Bikfalvi, Klein, Pintucci und Rifkin entnommen habe mit dem Titel „Biological Roles of Fibroblast Growth Factor-2". FGF2 enthält zwölf gegensätzliche Beta-Flächen, welche in einer Pyramiden-Struktur aufgebaut sind.

FGF2 besitzt ein hohes Molekulargewicht und enthält sechs methylierte Arginin-Aminosäuren. Dieser Fibroblasten-Wachstumsfaktor interagiert mit speziellen Oberflächen-Rezeptoren von Zellen. Selbst Fruchtfliegen oder Fische besitzen diese Rezeptoren-Familien. Das größte außerzelluläre, nicht signalgebende Molekül in FGF2 ist Heparan Sulfat Proteoglycan oder HSPGs. Sowohl FGF1 als auch FGF2 stimulieren die Synthese der **DNA**. Dies hat man beobachtet, als man Zellen ein Diphterie-Toxin aussetzte und FGF1 und FGF2 die Zellen in giftresistente Zellen umwandelten. Man nimmt an, dass FGF1 und FGF2 den Wachstumsfaktor in den Nukleus der Zelle einschleusen. FGF2 spielt offenbar eine wichtige Rolle bei der Steuerung der Zellgröße, Wanderung der Zellen und ihrer Differenzierung. So ergaben Studien, dass zu schnelles Zellwachstum von FGF2 verhindert wird. FGF2 stimuliert die Differenzierung von Zellen. Man weiß, dass Krebszellen ihre Fähigkeit, sich zu differenzieren, verloren haben.

FGF2 hat eine wichtige Funktion bei der Entwicklung und Funktion von verschiedenen Organsystemen. Im Gehirn ist dieser Wachstumsfaktor zuständig für die Differenzierung und das Überleben der Nervenzellen. In den Blutgefäßen ist FGF2 für die Neubildung der Zellen und Ausbildung von Zellen des Muskelgewebes verantwortlich. Außerdem verhindert FGF2 Arteriosklerose, Arterieninnenwandverkalkung, und kontrolliert den Blutdruck. In den Lungen sorgt FGF2 für die Ausbildung der Muskelfasern. Außerdem sorgt FGF2 für die gesunde Entwicklung der Gelenke und Muskeln, indem es für gesundes Muskelwachstum fördert. In den Knochen sorgt FGF2 für die Bildung von Knochenzellen und Heilung von Frakturen. Im Blut ist FGF2 zuständig für die Bildung von Granolozyten und das Überleben von Stammzellen. Es sorgt auch für eine lange Lebensdauer der Blutzellen. Im Fortpflanzungssystem ist FGF2 verantwortlich für die Produktion von Spermien. Wie es im Abendblatt von heute – es ist der 26. Juli 2017 – hieß, ist die Menge und Qualität der **Spermien** europäischer Männer im Sinkflug begriffen. In den Augen sorgt FGF2 für die Gesundheit der Lichtrezeptoren, und in der Haut für die Bildung von Melanin, dem Hautfarbstoff. Außerdem repariert FGF2 Hautgewebe und sorgt in der Haut für die Bildung von Keratin. In vielen weiteren Organen spielt FGF2 eine ähnliche Rolle.

FGF2 ist wichtig für die Ausbildung von Endothel-Zellen und reguliert den Ausdruck von mehreren Molekülen, welche kritische Stadien der Bildung neuer Zellen betreffen. Dies betrifft zum Beispiel die Bildung von **Kollagen**. Offenbar besitzt FGF2 auch eine immunologische Funktion, weil es die Aktivität von Antiköpern eindämmt, die eine Zellneubildung behindern. Forscher konnten FGF1 und FGF2 in Arterienwänden identifizieren. In Plaque fand sich dieser Wachstumsfaktor kaum. Forscher nehmen an, dass sowohl FGF1 als auch FGF2 Gegenspieler zur Bildung von Arteriosklerose darstellen, wobei die Aktivität von FGF2 früher einsetzt und die von FGF1 später.

FGF2 spielt eine wichtige Rolle bei der gesunden Entwicklung der **Lungen** bei Ungeborenen. Forscher zeigten, dass der intravenöse Eintrag von FGF2 in Mäusen vor und nach radioaktiver Bestrahlung die Endothel-Zellen schützte und ihren Untergang vereitelte. Auch verhinderte FGF2 in diesem Fall, dass die Mäuse an letaler, röntgenbedingter Lungenentzündung erkrankten. FGF2 stellt also einen effektiven **Schutz vor Röntgenstrahlung** dar und kann strahlungsbedingte Lungenentzündung und Fibrose verhüten.

Bei Patienten mit Lungenleiden fand man erhöhte Werte von FGF2 im kranken **Lungengewebe**. Durch FGF2 wurde die Immunreaktion von Makrophagen, großen Fresszellen, stimuliert. Ich hatte schon weiter oben die immunstärkende Rolle von FGF2 erwähnt. Auch bei Verletzungen der Lunge war FGF2 überdurchschnittlich präsent und scheint die Heilung von Lungengewebe zu fördern.

Bei der gesunden **Blutbildung** spielt FGF2 ebenfalls eine wichtige Rolle. FGF2 stimuliert offensichtlich direkt das Wachstum und die Differenzierung von Stammzellen in Vorläufern von Granolozyten. Dies wird unterstützt von der Beobachtung, dass FGF2 die Vermehrung von peripheren Blut-Stammzellen stimuliert.

Zahlreiche Labore haben die Verteilung und Funktion von FGF2 und FGF-Rezeptoren im **Zentralnervensystem** untersucht. FGF2 findet sich bei einer Anzahl von Tieren im Nervengewebe. Im werdenden Huhn erscheint FGF2 im Stadium E12 in der Nabelschnur. Der Ausdruck von neuronalem FGF2 nimmt in der pränatalen Phase kontinuierlich zu und bleibt danach unverändert. Bei neugeborenen Ratten findet sich FGF2 besonders konzentriert in neuronalen Zellkernen und der Wirbelsäule. Bei ausgewachsenen Menschen findet sich FGF2 hoch konzentriert im Cortex, der Zirbeldrüse, den Purkinje-Fasern im Gehirn und den

Kapillaren. Im erwachsenen Menschen-Gehirn finden sich alle Sorten von FGF2. Immunreaktive Arten von FGF2 finden sich besonders konzentriert im Hypothalamus.

Die Forscher stellen fest, dass ein Mangel an FGF2 zu Erkrankungen des **Gehirns** führen kann. „Veränderungen des FGF2-Niveaus oder seiner Rezeptoren werden mit verschiedenen Krankheiten des Nervensystems in Verbindung gebracht einschließlich der neurodegenerativen Krankheiten wie Alzheimer, Huntington und Parkinson." FGF2 wirkt den neurodegenerativen Effekten von Beta-Amyloid entgegen. Man nimmt an, dass FGF2 im Gehirn gespeichert wird, um Gehirnzellen zu aktivieren. Bei Morbus Parkinson stellt man einen Verlust von FGF2 in den Nervenzellen der Substantia nigra fest. FGF2 konnte im Labor die autonome Vermehrung von Zellen beenden, die für die Bildung von Gehirntumoren typisch sind.

FGF2 findet sich im **Auge** in der Retina, den Linsen, den Lichtrezeptoren, der Augenflüssigkeit und in der Epithelschicht des Augapfels. Während der embryonalen Entwicklung des Kükens wird der erste Ausdruck von FGF2 am fünften Tag in der Retina und den Linsen beobachtet. Am Tag zwölf ist die Konzentration von FGF2 im Auge des embryonalen Kükens am höchsten. FGF2 fördert offenbar die Regeneration der Retina durch UV-Schäden und stärkt die Lichtrezeptoren im Auge. FGF2 wurde nur in geringen Mengen gefunden bei Ratten mit zerstörter Retina. Bei Kaninchen mit verletzten Retinae förderte FGF2 den Heilungsprozess, und auch die Heilung von Verletzungen des Augapfels.

FGF2 ist auch beteiligt bei gesundem **Muskelaufbau** und der Differenzierung von Muskeln. Bei einem Mangel an diesem Wachstumsfaktor können sich Muskeln nicht gesund aufbauen. Sogar in Embryos, welche nur einen geringen Mangel an FGF2 aufweisen, ist der Aufbau von Muskeln gestört. Auch für die gesunde Entwicklung von Gelenken ist FGF2 wichtig und nötig.

Im **Verdauungssystem** stimuliert FGF2 die Ausdifferenzierung von verschiedenen Epithelzellen-Linien in der Darmwand. FGF2 beschleunigt die Heilung von Dünndarmkrebs bei Ratten. Um

83% wurde die Größe des Geschwürs kleiner als in der Vergleichsgruppe, und es gab 62% vollständige Heilungen. FGF2 war dabei wirksamer als das übliche Medikament Cimetidin. FGF2 wird als Baustein bei der Therapie von Geschwüren betrachtet.

Ein Mangel von FGF2 wird verantwortlich gemacht für die Bildung von Arteriosklerose, Arterieninnenwandverkalkung. FGF2 wird daher als potenzielles therapeutisches Mittel bei Herzinfarktpatienten betrachtet. Nach einem Herzinfarkt zeigte eine Infusion dieses Wachstumsfaktors eine günstige Wirkung auf den Blutdruck und die Funktion des Herzens. FGF2 verbessert darüber hinaus die Heilungschancen bei Geschwulsten und fördert dramatisch eine gesunde Wundheilung. FGF2 wurde zuerst von Gefäßbiologen erforscht, um die Entstehung von Zellen besser zu verstehen. Die Bedeutung von FGF2 auch für andere Gebiete wie die Neurobiologie wird in der Wissenschaft immer mehr gewürdigt, wie Professor Johannes Huber in seinem Buch „Das Ende des Alterns" darstellt.

FGF2 verbessert die Gehirnfunktionen, optimiert die Eiweißversorgung in den Zellen und ordnet die richtigen Stammzellen für die Regeneration des Körpers den jeweiligen Organen zu. Die Verfügbarkeit dieses Fibroblasten-Wachstumsfaktors nimmt beim Menschen im Laufe seines Lebens kontinuierlich ab. In der Rezeptur eines Extraktes aus dem befruchteten Hühnerei findet sich dieser verjüngende Wachstumsfaktor als einzigartige Quelle von FGF2 für Erwachsene.

Die Symbolik der Zahl 9

Am neunten Tag nach der Befruchtung ist die Konzentration des Wachstumsfaktors FGF2 im Hühnerei am höchsten. Daher habe ich mich etwas mit der Symbolik der Zahl 9 beschäftigt.

Die heilige Zahl 3 multipliziert mit sich selbst ergibt die 9, die unzerstörbare Zahl der Vollendung und Ewigkeit. 9 wird mit dem Kreis, dem Quadrat und dem Dreieck in Verbindung gebracht. Als dreifache 3 ist die 9 in so gut wie allen Traditionen eine sehr kraftvolle Zahl, und zwar besonders bei den Kelten, Germanen, in China und im Buddhismus. In China gilt die 9 als die höchste Glückszahl und das stärkste Yang-Element überhaupt. Unsere Gesellschaft ist Yin-lastig, wir brauchen vielleicht mehr die Energie der 9. Für die Chinesen war die 9 die himmlische Macht, eine glückbringende Zahl, und es gab daher neun große soziale Gesetze und neun Klassen von Beamten. Im Hinduismus entstand aus neun Quadraten das 81-quadratige Mandala, das Symbol des Universums, das zur Weissagung und bei astrologischen Berechnungen verwendet wurde. In der Mystik repräsentiert die 9 die Einheit von Körper, Seele und Geist und die Einheit von Himmel und Erde.

Die Juden betrachten die 9 als Symbol der Wahrheit und Wahrheitsliebe. Im Christentum steht diese Zahl für eine Ordnung innerhalb einer höheren Ordnung. Daher gibt es auch neun Engelschöre. In vielen Kulturen gibt es neun himmlische Sphären oder Himmel. Oft werden der 9 die männlichen Eigenschaften von Mut und Ausdauer zugeschrieben. Die 9 im Germanentum symbolisiert die rituelle Periode der magischen Auferstehung und Verjüngung vom nordischen Gott Odin bzw. Wotan.

Die zweite Potenz von 3 ist die dreifache Triade, die Verstärkung der heiligen Zahl 3. Sie steht daher auch für göttliches Bewusstsein und höchste Erfüllung. Wir erinnern uns an die neun

Engels-Chöre. Die neunte Stunde ist in der christlichen Überliefe-rung die Todesstunde Christi. In den Kirchen wird das Kyrie elei-son neunmal wiederholt. Bei den antiken Griechen gab es neun Musen. Im Buddhismus gilt die Zahl 9 als himmlische Zahl und höchste spirituelle Macht. In der keltischen Kultur spielte die 9 eine wichtige Rolle, da sie für das Zentrum stand und auch mit speziellen Riten verbunden war. Die traditionelle Quersummen-bildung von 99 ergibt 18, das heißt, in der Quersumme wieder 9. Dies ist eine große Besonderheit. In der Buchstaben-Symbolik entspricht das Wort „Amen" der Zahl 99. Islamische Gebets-schnüre bestehen aus 99 Perlen, welche die „schönsten Namen Allahs" repräsentieren.

Das Geheimnis der Stammzellen – das Ende des Alterns?

Die Informationen, die Sie hier von mir erhalten, habe ich dem sehr lesenswerten Buch von Johannes Huber und Robert Bucha-cher, „Das Ende des Alterns" (siehe Literaturliste) entnommen. Johannes Huber ist Professor für Reproduktionsmedizin mit zwei Doktortiteln und Leiter der Klinischen Abteilung für Gy-näkologische Endokrinologie und Sterilitätsbehandlung an der Universitätsklinik für Frauenheilkunde in Wien. Er ist Autor mehrerer Fach- und Sachbücher sowie Leiter der österreichischen Bioethik-Kommission. Dr. Robert Buchacher ist Leiter des Wis-senschaftsressorts beim Wiener Nachrichtenmagazin „Profil".

Die Stammzellentherapie spielt in diesem Buch eine große Rolle. „Die Medi-zin steht vor einem Para-digmen-Wechsel: sie wird die Selbstheilungskräfte des Körpers imitieren und

so Alterungsprozesse aufhalten." (ebd., S. 110) Ist das Ziel mit dem Extrakt aus dem Hühnerei in greifbare Nähe gerückt?

Wir altern nicht einfach wie ein Auto, das immer öfter Ersatzteile braucht und irgendwann seinen Geist aufgibt. Unser Organismus fährt sozusagen täglich in die Garage, wo unsere Zellen repariert und erneuert werden. Allerdings wird dieser fortwährende Werkstattservice in der zweiten Lebenshälfte allmählich eingestellt: der Alterungsprozess schreitet unaufhörlich voran. Irgendwann stellen sich „Zipperlein" und danach ernste Krankheiten ein.

Bei den mikroskopisch kleinen Ersatzteilen handelt es sich um Stammzellen. Stammzellen aus dem Knochenmark besitzen die Fähigkeit, auszuschwärmen und die verschiedenen Körperorgane zu regenerieren. Sie ersetzten kranke, „kaputte" Zellen durch neue gesunde.

Früher dachte man, nur embryonale Stammzellen zum Beispiel aus Nabelschnurblut seien dazu in der Lage, und adulte oder erwachsene Stammzellen könnten sich nicht mehr „transdifferenzieren", zu Haut-, Nerven-, Leber- oder sonstigen Körperzellen verwandeln. Dazu seien sie zu träge und unbeweglich.

Aufgrund neuester Forschungen – vergleiche Seite 112 im oben erwähnten Buch – weiß man, dass es überall im Körper Relikte von Stammzellen aus der Embryonalzeit und Schwangerschaft gibt, die später aktiviert werden können, um alte und verbrauchte Organe zu reparieren und mit der Zeit vollständig zu ersetzen. Diese Stammzell-Relikte sind entweder in Depots direkt in den einzelnen Organen zu finden, oder sie bevölkern das Rückenmark, das große „Zelllager" unseres Körpers. Dort sind auch die für das Blut zuständigen Stammzellen zu finden, die täglich in großer Menge neue Blutzellen bilden. So sind in den Darmzotten mesenchymale Zellen zu finden, welche Stammzellen bilden, um die Darmwand zu erneuern. Jeder Mensch praktiziert täglich für sich selbst Stammzellentherapie zur Verjüngung und zur Reparatur alten Gewebes.

Werden Leber und Herzzellen zerstört, Herzzellen zum Beispiel durch einen Herzinfarkt, und schafft das Organ die Reparatur nicht aus eigener Kraft, kommt das Knochenmark zu Hilfe. Stammzellen rasen in Leber oder Herz oder jedes beliebige andere Organ und bilden nicht wie normalerweise Blutzellen, sondern neue Leber- oder Herzmuskelzellen. Mithilfe bestimmter Marker kann man wie bei beringten Zugvögeln die Wanderungsroute von Stammzellen verfolgen. Sie wandern in Organe ein und „assimilieren" sich dort, das heißt, sie bleiben nicht länger Knochenmarkszellen, sondern transdifferenzieren zu denjenigen Zellen, die für das jeweilige Organ typisch sind.

Bei Herztransplantationen machte man eine sensationelle Entdeckung. Eine Frau bekam das Herz eines männlichen Spenders eingepflanzt. Männer verfügen über einen Chromosomensatz des Typs XY, die Frau einen Chromosomensatz XX. Zum Erstaunen der Ärzte zeigte das Spenderherz nach einigen Jahren den weiblichen Chromosomensatz XX. Das heißt, dies ist die einzig mögliche Erklärung. Alle Zellen des Herzens hatten sich innerhalb weniger Jahre komplett erneuert.

Dies ist der Beweis, dass sich alle Organe unseres Körpers ständig erneuern und regenerieren. Mit den körpereigenen Strategien, so die Forscher, könnte man Krankheiten heilen, krankhafte Organe erneuern und das Altern des Menschen hinauszögern (vgl. ebd. S. 114).

Auch das Gehirn bedient sich ständig unserer beiden Stammzellenreservoirs von Stammzellen, die im 3. Ventrikel im Zwischenhirn neu gebildet werden und dem großen Stammzellen-Reservoir Rückenmark. Zur Regeneration fordert es eigene Stammzellen an, als auch die im Knochenmark, wenn die Menge der im Gehirn selbst gebildeten nicht ausreicht. Über das Blutgefäßsystem wandern Stammzellen aus dem Knochenmark in das Gehirn und erneuern dort Nervenzellen.

Man nimmt an, dass alle im Organismus ablaufenden Alterungsprozesse vom Gehirn und vom Zentralnervensystem ausgehen. Wer dem Gehirn seine jugendliche Kraft und Funktionsfähigkeit zurückgibt, könnte damit das Altern überhaupt aufhalten. Das

Gehirn ist sozusagen der Schrittmacher des Alterns. Experimente des Evolutionsbiologen Marc Tatar an der Brown University in Providence, Rhode Island, USA, bestätigte dies. Man kann dem Gehirn danach sozusagen den „Auftrag für ein längeres und gesundes Leben" geben (vgl. ebd., S. 119).

Wenn der Extrakt aus dem Hühnerei die Bildung von Stammzellen mit unglaublicher Regenerationskraft durch den Wachstumsfaktor FGF1 stimuliert, ist der „ewige Jungbrunnen" wahrscheinlich gefunden. Huber und Buchacher sprechen im Zusammenhang mit körpereigener Stammzellentherapie sogar vom „wahren Heiligen Gral der Biologie". Diese Reserve-Stammzellen können ungehindert die Blut-Hirn-Schranke überwinden, ins Gehirn eindringen und sich dort in Nervenzellen verwandeln. Degenerierte Zellen werden durch Frischzellen ersetzt. Der für die Gedächtnisleistung bedeutsame Hippocampus scheint eine zentrale Rolle für eine Strategie zu spielen, um dem Alterungsprozess des Gehirns und damit des gesamten Organismus aufzuhalten.

Was auch wichtig ist für ein jugendliches Gehirn: Stressfaktoren vermeiden, weil Cortisol den Körper und ganz besonders die Schaltzentrale, das Gehirn, frühzeitig altern lässt. Auch hier greift FGF2 ein, indem es nachweislich den Cortisolspiegel senkt. Wer sich im Alter mit geistigen Fragen beschäftigt, mobilisiert damit Stammzellen, um degenerative oder abgestorbene Hirnzellen zu ersetzen. Auswendig lernen von Gedichten ist eine gute Übung, so Huber und Buchacher. Auch körperliches Training wie Laufen und Krafttraining bremst den Alterungsprozess. Durch regelmäßiges Training werden vermehrt Stammzellen aus dem Knochenmark, dem Regenerationspool, ausgeschwemmt und über die Blutbahn ins Gehirn transportiert, wo sie zu jungen, gesunden Nervenzellen mutieren. Auch regelmäßige Meditation wie Zen oder das authentische Reiki tragen zur Gehirnverjüngung bei.

Ist das Gehirn gut durchblutet, setzt es Wachstumsfaktoren frei, welche eine Neubildung von Nervenzellen bewirken. „Die

Wachstumsfaktoren mobilisieren dabei im Gehirn lokalisierte Stammzellen und unterstützen deren Umwandlung in neue Nervenzellen." (S. 124 im erwähnten Buch). Was ist im Extrakt aus dem Hühnerei vorhanden? Der äußerst wirksame Wachstumsfaktor FGF2. Lernen, lieben und laufen sind weitere gute Maßnahmen, welche schon nach alter Weisheit das Altern bremsen (vgl. ebd., S. 125).

In „Die Jugend steckt im Blut" hieß es in der FAZ vom 05.März 2017: „Altern ist offenbar im Wesentlichen ein Altern der Stammzellen in den Organen. Um sich teilen zu können, brauchen Stammzellen eine Reihe spezieller Proteine. Offenbar werden diese im Alter nicht mehr ausreichend gebildet." Diese Proteine sind neben dem Wachstumsfaktor FGF2 ebenfalls im Extrakt aus dem Hühnerei enthalten.

Mit dem Medizin-Nobelpreis wurden 2012 zwei Forscher ausgezeichnet, J. Gurdon und S. Yamanaka. Ihre Entdeckung: die Lebensuhr jeder Körperzelle lässt sich auf ihren Anfang zurückstellen. Der Hintergrund: embryonale Stammzellen sind in der Lage, sich in jedes nur denkbare Stück Mensch zu entwickeln. „Yamanaka wollte wissen, was sie so pluripotent macht." (Zeit online v. 08.Oktober 2012) Die Therapie mit embryonalen Stammzellen ist bei uns verboten. Jetzt hat man eine Alternative. Gurdon hatte schon 1962 entdeckt, dass die Entwicklung spezialisierter Körperzellen umkehrbar ist.

Gerade schickt mir ein Freund einen Artikel „Mel Gibson kämpft gegen das Altwerden" aus der „Märkischen Allgemeinen Zeitung" vom 07. Juli 2017. Laut Bericht des „National Enquirer" soll der 61-jährige sich in Panama einer Stammzellentherapie unterziehen. „Der Hollywoodstar soll demnach überzeugt sein, dass die Therapie anschlägt. Sein Vater Hutton Gibson litt unter schweren gesundheitlichen Beschwerden, ehe er dieselbe Therapie in Panama begann. Heute soll es dem 98-jährigen im Übrigen viel besser gehen." Die Zukunft hat offenbar bereits begonnen. Sind Sie dabei im „Club der fitten Hundertjährigen"? Der letzte Satz im Artikel „Die Jugend steckt im Blut" heißt: „Der Sieg über das Alter, die große utopische Sehnsucht der Menschheit, ist kein Traum mehr."

Die genaue Wirkweise des Extraktes aus dem Hühnerei

Älteren Menschen wird oft von Ärzten empfohlen, mehr eiweißhaltige Lebensmittel zu sich zu nehmen. Warum? Weil der Bedarf an Eiweiß im Alter steigt, und die Eiweiße oder Aminosäuren nicht mehr so gut aufgenommen und verstoffwechselt werden. Die Produktion von Verdauungsenzymen, welche Eiweiße aufspalten, man nennt sie „Proteasen", lässt im Alter nach. Eiweiß aber ist der Grundbaustein des Lebens und wird für die Neubildung und Reparatur von Zellen benötigt.

Ein Begriff „Reverse Aging", Alterungsprozesse umkehren, sorgt für Aufmerksamkeit. Warum? Ist nicht jeder Mensch daran interessiert, im Alter unabhängig zu bleiben, jugendlich und fit?

Eine falsche Ernährung führt zu einem Mangel an Aminosäuren. Fehlt nur eine der essenziellen Aminosäuren, die über die Nahrung zugeführt werden müssen, kann der Körper mit den restlichen nicht mehr allzu viel anfangen. Wenn die Produktion von Verdauungsenzymen sinkt, nimmt der Körper Eiweiß aus den Geweben, um wichtige Reparaturprozesse durchführen zu können. Zum Beispiel werden Muskeln abgebaut und in Fettgewebe umgewandelt. Wenn man nicht durch die richtige Ernäh-

rung und möglichst auch Muskeltraining dagegen anarbeitet, verliert man bis zum 70. Geburtstag rund 40% seiner Muskelmasse. Sie wird umgewandelt in Fett- und Bindegewebe.

Wer abnehmen möchte, sollte nicht einfach weniger essen, sondern das Richtige. Trotz Stress- und Umweltbelastungen möchte jeder Mensch gesund bleiben und seine Vitalität aufrechterhalten. Früher, noch in den 1950er Jahren, haben die Menschen zwar viel gegessen. Sie waren aber trotzdem schön, gesund und vital. Warum? Es gab noch nicht so viele Haushaltshilfen, Fahrstühle, Autos und andere Transportmittel. Die Menschen haben sich viel mehr bewegt als heute.

Schon Kinder und Jugendliche sind nur durch die enorme Zunahme an Informationen überfordert. Durch Stressbelastung werden zusätzliche Hormone produziert. Der Körper braucht dadurch noch mehr hochwertiges Eiweiß!

In immer mehr Ländern sind immer mehr Menschen von Übergewicht betroffen, im Durchschnitt sind es bereits 30 Prozent, Tendenz steigend. Es gibt sogar immer mehr übergewichtige Kinder. Immer mehr Menschen hungern an vollen Töpfen. Sie bekommen mehr als genug Kalorien, aber zu wenige Vitalstoffe. Auch durch Enzymschwäche kommt es zu Mangelerscheinungen.

In Kapseln mit dem Ei-Extrakt finden sich hoch bioverfügbare Aminosäuren, die nicht zu einer Gewichtszunahme führen. Wenn der Körper endlich die Vitalstoffe bekommt, die er benötigt, hat er das notwendige Material, um Störungen und Mangelerscheinungen auszugleichen. Die Anwender werden ruhiger und besser gelaunt. Aggressivität und Gereiztheit nehmen ab, wenn der Organismus optimal versorgt wird. Jede Gesellschaft braucht gesunde Menschen ohne Aufmerksamkeitsstörungen, Stimmungsschwankungen und Stress, die sich nicht nur anders verhalten wollen, sondern auch können. So könnte man das Produkt auch als „Formel des Lebens" bezeichnen. Das Ei gilt ja in allen Kulturen als Symbol des Lebens.

Das werdende Leben bekommt im Ei alles, was es braucht, über die Plazenta. Aus dem Rand der Plazenta eines Hühnereis, ein Embryo ist noch nicht entstanden, wird ein Wachstumsfaktor gewonnen. Es handelt sich um einen Auszug aus dem Hühnereiweiß eines befruchteten Eies. Dieser Wachstumsfaktor FGF 2 stellt ein absolutes Alleinstellungsmerkmal dieses natürlichen Produktes dar. FGF2 beeinflusst die Stammzellenbildung und stellt den DNA-Code wieder her. Die Stammzellen werden durch diesen Wachstumsfaktor quasi aufgeweckt und können wieder neue gesunde Zellen bilden und kranke erfolgreich reparieren.

Jede Zelle braucht zweiundzwanzig Aminosäuren, damit die Zelle im Gleichgewicht bleibt. Im Extrakt aus dem Hühnerei befinden sich außerdem Kieselerde, Vitamine und Meeresgemüse. Die Aminosäuren in dem natürlichen Produkt kann der Körper schnell aufnehmen und daraus körpereigenes Eiweiß bilden.

Wie ist die optimale Dosierung?

Ich empfehle bei Krankheiten, 6 bis 12 Kapseln zu nehmen, bis man sich wieder gut fühlt. Mit dieser hohen Dosierung können Mängel repariert werden. Wer vollkommen gesund und fit ist, wer seine Zellen gut nähren will und das Produkt vorbeugend einnehmen will, für den sind 2 bis 4 Kapseln pro Tag ausreichend. Erlebt ein Mensch viele Stresssituationen, sollte er mehr nehmen, seine Dosis erhöhen, um seine Gesundheit aufrechtzuerhalten.

Wie sind die Wirkungen, und wer profitiert davon? Der Extrakt aus dem Hühnerei ist gut für alle. Kinder werden ruhiger und innerlich stabiler. Erwachsene fangen wieder an zu strahlen, ja sie strahlen Güte aus. Senioren leben länger bei einer höheren Lebensqualität. Im Unterschied zu Gleichaltrigen können sie im Garten arbeiten, stehen früh auf, machen Yoga und können auf ihre Enkelkinder aufpassen und mit ihnen spielen. Diese hohe Lebensqualität ist der Traum von allen Älteren. Wir brauchen in der Familie keine Apotheke, auch keine Hausapotheke, wir brauchen den Extrakt aus dem Hühnerei mit seinem speziellen Wachstumsfaktor.

Die genaue Wirkungsweise

FGF2 aktiviert adulte Stammzellen, welche die Aminosäuren nutzen, um die Stammzellen zu verjüngen und zu regenerieren. Dafür brauchen die Stammzellen das gesamte Aminosäurenprofil, also alle 22 Aminosäuren, die essenziellen und nicht essenziellen. Adulte Stammzellen sind eine Art Batterie, die wir aus der Kindheit mit ins Erwachsenenleben hinüber nehmen. Im Erwachsenenalter werden keine Stammzellen mehr produziert. Adulte Stammzellen sind vor allem dafür da, Zellen zu verjüngen und zu regenerieren. Das ist ihr inneres Programm. Man kann sich das so vorstellen, als wenn die Stammzellen beim Erwachsenen schlafen. FGF2 weckt sie sozusagen auf, lässt sie aktiv werden. Adulte Stammzellen arbeiten hervorragend, müssen aber dafür durch Signalproteine oder FGF2 aktiviert werden.

Der Extrakt aus dem Hühnerei ist keine Medizin. Er kann aber den Körper befähigen, sich selbst zu helfen und zu heilen.

Auch bei Nierenproblemen erweist das Produkt gute Dienste. Es gibt sogar Fälle auf den Philippinen, bei denen Menschen dank des Extraktes aus dem Hühnerei nicht mehr zur Blutwäsche oder Dialyse mussten. FGF2 wirkt sich günstig auf die Schilddrüsenfunktion aus, indem die Produktion der Schilddrüsenhormone T3 und T 4 harmonisiert wird. Sogar bei Muskelatrophie kann das natürliche Mittel eine Hilfe sein. Die Regeneration der Muskeln findet relativ schnell statt. Selbst bei Morbus Parkinson konnten Erfolge erzielt werden. Das zeigt: der Wachstumsfaktor FGF2 kann auch bei chronischen Krankheiten helfen, weil er alle körperlichen Funktionen harmonisiert und optimiert. Der Organismus kehrt zurück ins Gleichgewicht, in Harmonie: „back to balance".

Adaptogene – was ist das, und warum brauchen wir sie so dringend?

Viele Menschen sind erschöpft. Sie nehmen dann Stimulanzien wie Kaffee oder Energy Drinks zu sich, um zu Höchstleistungen in der Lage zu sein. Im Kapitel über Stress werden Sie lesen, dass immer mehr, gerade auch junge Menschen zu Medikamenten und Psychopharmaka wie Ritalin und Fluctin greifen, um sich zu „dopen", ihre Leistungsfähigkeit zu steigern. Dies ist potenziell gefährlich für unsere Gesundheit, weil wir über kurz oder lang im Burnout landen, in der totalen Erschöpfung. Viele der legalen und illegalen Substanzen haben außerdem gravierende Nebenwirkungen. Einige können auch abhängig machen. Wir zahlen damit einen hohen, einen zu hohen Preis. Adaptogene sind eine gesunde Alternative, welche Körper und Seele mit den Stoffen versorgen, die uns leistungsfähiger auch und gerade in Stresssituationen werden lassen. Gleichzeitig fördern wir noch unsere Gesundheit. Adaptogene bringen uns sozusagen Fitness von innen.

Adaptogen ist eine alternativmedizinische Bezeichnung für biologisch aktive Pflanzenstoffe, welche dem Organismus helfen, sich besser an körperliche und emotionale Stresssituationen anzupassen. Der Begriff wurde erstmals 1947 von dem russischen Pharmakologen Nicolai V. Lazarev geprägt. Er konnte nachweisen, dass es Wirkstoffe gibt, die dem menschlichen Organismus helfen, sich Stresssituationen besser anzupassen, indem sie die körpereigene unspezifische Abwehr steigern. Und das alles ohne irgendwelche Nebenwirkungen! Israel I. Brekhman untersuchte daraufhin Pflanzen auf spezifische adaptogene Eigenschaften. Er gilt daher als „Vater der Adaptogene". Das können Sie bei „Wikipedia" nachlesen. Adaptogene sind „in". Im Jahr 2017 gab es in „PubMed" bereits 226 klinische und vergleichende Studien für das Wort Adaptogene bzw. Englisch „adaptogenic". Die Zahl der Publikationen steigt von Jahr zu Jahr exponentiell an, was das große Interesse von Forschern und der Öffentlichkeit widerspiegelt.

Der Name „Adaptogen" kommt von „adaptare" oder Englisch „to adapt", was „sich anpassen" bedeutet. Mit Adaptogenen können wir unsere Belastungs- und Stressresistenz erhöhen. Vielleicht haben Sie schon einmal von „Resilienz" gehört, was „Widerstandsfähigkeit" bedeutet und auch innere Stärke mit einschließt. Einige Menschen können mit Umweltfaktoren wie Kälte, Hitze und Lärm wunderbar klarkommen, andere sind komplett überfordert damit. Einige Menschen geraten beim geringsten Stress an ihre Grenzen, andere kommen sogar mit Schicksalsschlägen klar. Einige laufen unter sportlichen Wettkämpfen oder Prüfungssituationen zu Höchstleistungen auf, andere brechen zusammen.

Adaptogene können uns vor stressbedingten Erkrankungen schützen und Langzeitschäden von Dauerstress verhindern. Sie sind in der Lage, unsere Zellen und DNA vor stressbedingten Schäden zu schützen. Was sie ebenfalls bewirken ist, unsere Aufmerksamkeitsspanne zu verlängern und unsere geistige  Leistungsfähigkeit zu steigern. Sie erhöhen unsere Belastbarkeit und verbessern unsere Regenerationskraft, zum Beispiel nach körperlichen und seelischen Höchstleistungen. Wie ein Schirm bewahren sie uns vor einem Übermaß an Stress. Sie optimieren die so genannte Stressantwort, ein fein tariertes System von Schlüsselmediatoren wie stressaktivierter c-Jun N-terminalen Kinasen, Chaperonen, Stickoxiden und Cortisol. Diese Mediatoren stehen mit der Hypothalamus-Hypophysen-Nebennierenrindenachse in Verbindung. Beispiele aus der Botanik für Adaptogene sind Ginseng, Noni, Shiitake-Pilze, Reishi/Ling-Zhi-Pilze, der Mandelpilz, die Schisandra-Beere, Rosenwurz, die Ashwaganda-

Beere, Tulsi, das „Kraut der Unsterblichkeit" Jiaogulan, Artemisia annua, Moringa und Maca (https://dx.doi.org/10.1016%2FS0091-3057%2803%2900112-6). Über zwei dieser Pflanzen, Moringa oleifera („Moringa – heilen mit dem Wunderbaum") und Artemisia annua („Artemisia, Königin der Heilpflanzen") habe ich Bücher geschrieben (Jim Humble Verlag). Unter den Adaptogenen pflanzlicher Herkunft finden sich drei Hauptgruppen: Flavonoide und Polyphenole, Terpene mit den Untergruppen Triterpene und Saponine sowie Polysaccharide, darunter besonders Beta-Glukane.

Der Hautpmechanismus der Adaptogene, so Wikipedia, ist ein Stress nachahmender und hochregulierender Effekt des Hitzeschockproteins 70 oder Hsp70, welches zu den Chaperonen zählt. Dieser Eiweißstoff wirkt als Stress-Sensor und verringert die Menge des zirkulierenden Cortisols und Stickoxids, die in Stresssituationen und unter Dauerstress vermehrt gebildet und ausgeschüttet werden. Indem das Niveau dieser beiden Stoffe nicht mehr übermäßig ansteigen kann, verbessern sich mentale Leistungsfähigkeit und körperliche Ausdauer (vgl. https://dx.doi.org/10.2174%2F157488409789375311).

Adaptogene helfen dem Organismus, sich körperlichen und seelischen Stresssituationen besser anzupassen. Die Mitochondrien, die Kraftwerke der Zellen, werden geschützt und bei sportlicher Betätigung bleiben die Lactatwerte niedrig. Während und nach Wettkämpfen wird die Regeneration gefördert. Die Ausschüttung von Stresshormonen wird durch Adaptogene reduziert und die Bereitstellung von ATP-Energie gesteigert. Erschöpfung und Ermüdung werden verringert. Adaptogene haben keinerlei Nebenwirkungen und werden gut vertragen.

Die eingangs erwähnten Stimulanzien hingegen verursachen bei längerer Einnahme im Gegensatz zu Adaptogenen Schlafprobleme und haben weitere unangenehme Nebenwirkungen. Stimulanzien erschöpfen nämlich auf Dauer die Nebennieren, welche wichtige Hormone herstellen und ausschütten. Sie stören mit der Zeit das fein austarierte Zusammenspiel von Sympathikus und seinem Gegenspieler Parasympathikus bzw. Vagusnerv. Dies alles gilt nicht für Adaptogene. „Sowohl bei Einmaldosen als auch bei längerem Gebrauch weisen Adaptogene eine messbar kräftigende Wirkung auf, die sich in einer erhöhten geistigen und körperlichen Leistungsfähigkeit, besonders vor dem Hintergrund von Müdigkeit und Stress zeigt." (Wikipedia)

I. I. Brekhman hat eine klare Unterscheidung von Stimulanzien herausgearbeitet:

1. „Ein Adaptogen ist für den Körper auch langfristig ein genommen vollkommen unschädlich.

2. Ein Adaptogen steigert spezifisch die Widerstandskraft gegen ein breites Spektrum an physikalischen, chemischen und biologischen Einflüssen.

3. Ein Adaptogen erzielt eine normalisierende Wirkung auf den Stoffwechsel, unabhängig von der Richtung vorausgegangener pathologischer Veränderungen" (vgl. http://dispatch.opac.d-nb.de/DB=1.1/CMD?ACT=SRCHA&IKT=8&TRM=0066-4251).

Für mich ist es aufgrund der Studien über Stresshormone klar, dass auch der Wachstumsfaktor FGF2 zu den Adaptogenen gehört. Diese Studien ergaben, dass FGF2 den Cortisolspiegel signifikant senkt und sich infolgedessen die Stressantwort verbessert. Auch die vielfältigen Erfahrungswerte von Anwendern zeigen, dass FGF2 uns auf allen Ebenen – Körper, Seele und Geist – wieder ins Gleichgewicht bringt. Mit Adaptogenen optimieren wir sämtliche körperliche Funktionen und damit auch seelische Prozesse. Wir fühlen uns den Herausforderungen des Alltags wieder besser gewachsen und können unser Potenzial ausschöpfen. Wirksame Adaptogene – nicht jedoch Stimulanzien! – brauchen wir in meinen Augen heutzutage in unserem von Stress dominierten Leben dringender denn je.

Weitere Informationen zum Extrakt aus dem Hühnerei

Das Stadium, indem der Extrakt aus befruchteten Hühnereiern gewonnen wird, wird als „blastodermales bis protoembryonales Stadium" bezeichnet. Während dieser Zeit konnten Oligopeptide mit einem bestimmten Molekulargewicht von 0,5 bis 1,0 KDa identifiziert werden. Oligopeptide bestehen aus 2 bis 20 Aminosäuren, verbunden durch eine Peptidbindung. Diese kurzkettigen Aminosäuren können die Darmschranke im Ganzen passieren. Peptide sind sehr viel leistungsfähiger als andere Neurotransmitter, und für einen profunden Effekt sind nur kleine Mengen erforderlich.

Während des 9. Tages nach der Befruchtung des Eies steigt die Aufnahme des Fibroblasten-Wachstumsfaktors FGF2 in der proembryonalen Flüssigkeit rapide an. Diese Peptide und der FGF konnten in einem unternehmenseigenen Verfahren in der entscheidenden Entwicklungsphase isoliert werden, und mithilfe einer unternehmenseigenen Trocknungstechnik gelang es, ihre gesundheitlichen Vorteile für den Menschen nutzbar zu machen. Dieser Extrakt wird als Extrakt aus dem befruchteten Vogelei, englisch „Fertilized Avian Egg Extract" oder FAEE bezeichnet. Dieses Eiprodukt wird nicht hitzebehandelt oder unter Hitze getrocknet, um die Struktur der Proteine und Hormonsubstanzen, d. h. Fibroblasten-Wachstumsfaktoren, nicht zu verändern.

Der Wirkmechanismus besteht darin, dass die bioaktiven Peptide die ruhenden Stammzellen bei der Reparatur von Schäden an gealterten Zellen aktivieren. Rezeptoren auf dem Fibroblasten-Wachstumsfaktor können Rezeptoren auf somatischen Zellen oder Stammzellen stimulieren und so positive Zellreaktionen anregen. Das Trocknen der protoembryonalen Flüssigkeit, bevor die Peptide zur Ausbildung von Knochen und Organen „verbraucht" werden, ermöglicht dem Hersteller die Nutzung der

Aufbau- Reparatur- und Erhaltungsmechanismen dieser Kombination aus Aminosäuren, Peptiden und Wachstumsfaktoren für den Menschen.

Die Oligopeptide stellen „Bausteine" dar, der Fibroblasten-Wachstumsfaktor FGF – Fibroblast Growth Factor – sowie ein bioaktives Peptid übernehmen die Rolle des „Architekten". FGF findet sich in protoembryonaler Flüssigkeit, aber ebenfalls in der menschlichen Plazenta und daher auch im Nabelschnurblut. FGF und bioaktive Peptide wurden erst in den 70-iger Jahren des letzten Jahrhunderts entdeckt und sind entscheidend für die Entwicklung von Embryonen, einschließlich derer des Menschen.

Forschungen haben ergeben, dass bioaktive Peptide für die Versorgung wichtiger Bereiche von Gehirn und Organen mit Nährstoffen verantwortlich sind. In der Forschung wird bioaktiven Peptiden das Potenzial zugeschrieben, direkte Auswirkungen auf viele neurologische Störungen zu haben. Der Wachstumsfaktor FGF2 spielt eine wichtige Rolle. Untersuchungen haben klar einen signifikanten Anstieg der Aufnahme von Peptiden und Aminosäuren bei neuen Zellkulturen in Gegenwart von FGF gezeigt.

Zusammengefasst hat der Extrakt aus dem Hühnerei folgenden Nutzen: Positive Auswirkungen auf Gedächtnis, Haut, Libido, Energie, Gelenke, Muskeln, Stress, Schlaf und emotionale Stabilität.

Wundheilung

1997 wurde eine randomisierte Studie mit Probanden und Versuchstieren direkt nach Operationen durchgeführt. Sie erhielten über zehn Tage entweder eine Aminosäure- oder Peptid-Diät. Danach wurde die Wund-festigkeit gemessen. Das Ergebnis: Der so genannte „Wundberstdruck" bei Probanden mit der Peptid-Diät war deutlich höher als bei Probanden mit der Aminosäuren-Diät. Nach Meinung der Forscher kann die Ernährung mit Peptiden die Produktion von Wachstumsfaktoren stimulieren. Sie nehmen an, dass der Eintritt der Aminosäuren in die Zelle über Peptidtransporter effizienter für die Stimulation der Proteinsynthese ist als der Eintritt in Form reiner Aminosäuren. Auch die Kollagensynthese wurde durch Peptide stimuliert, der Blutfluss zur Wunde, das Einfangen freier Radikale und die Entstehung von Zytokin-Profilen, welche die Wundheilung unterstützen. Peptide können also die Wundheilung beschleunigen und verbessern.

Cortisol-Studien

FGF2 senkt den Cortisol-Spiegel der Probanden signifikant. Über diese Studie habe ich wegen diesen beeindruckenden Ergebnissen ein Extra-Kapitel geschrieben.

Blutzuckerspiegel

Ein erhöhter Blutzuckerspiegel ist eines der Symptome des Metabolischen Syndroms. Darunter leiden immer mehr Menschen. Zu den Risikofaktoren für dieses Krankheitsbild gehören übermäßige Nahrungsaufnahme und eine sitzende Lebensweise. Fettleibigkeit, das Leitsymptom des Metabolischen Syndroms, ist das am schnellsten wachsende Gesundheitsproblem weltweit. Diese Gruppe von Menschen hat ein erhöhtes Risiko, an Herz-Kreislauf-Erkrankungen wie Herzinfarkt und Schlaganfall zu sterben, Entzündungen zu bekommen und an Diabetes Typ II zu erkranken. Schon jeder fünfte Mensch in den Industrieländern leidet unter dem Metabolischen Syndrom. Zu den Symptomen gehören neben Übergewicht zu hohe Cholesterinwerte, Bluthochdruck und erhöhte Blutzuckerwerte.

In Studien wurde die Wirkung des Extraktes aus dem Hühnerei im Hinblick auf die Normalisierung eines zu hohen Blutzuckerspiegels untersucht. Ein zu hoher Blutzuckerspiegel gilt als Risikofaktor zur Entstehung des Diabetes Typ II. Das Ergebnis: es fand bei leicht erhöhtem Blutzuckerspiegel unter Einnahme des Extraktes ohne gleichzeitige Einnahme von blutzuckersenkenden Medikamenten bei allen Testpersonen eine deutliche Herunterregelung statt. Die Werte waren signifikant. Bei einigen Teilnehmern konnte die Insulin-Dosis reduziert und dennoch stabile Blutzuckerwerte erzielt werden. Da Wachstumsfaktoren mit den Rezeptoren auf somatischen Zellen oder Stammzellen reagieren, kann diese Aktivität die Glukoseresorption unterstützen.

Da mit dem Metabolischen Syndrom häufig eine erhöhte Glukoseintoleranz einhergeht, kann FGF2 aus dem Hühnerei eine sinnvolle Erweiterung der unterstützenden Maßnahmen für Personen mit Übergewicht, wenig Bewegung und erhöhten Blutzuckerwerten sein, die noch nicht als Diabetiker gelten. FGF2 scheint also eine hervorragende Diabetes-Prophylaxe zu sein. In Deutschland leiden etwa sechs Millionen Menschen an Diabetes, mit einer geschätzten Dunkelziffer von etwa zwei Millionen, die noch nichts von ihrer Krankheit wissen. Bei insulinpflichtigem Diabetes ist bei Männern das Risiko, einen Herzinfarkt zu erleiden, um den Faktor 4 erhöht, bei Frauen sogar um den Faktor 7. Herz-Kreislauferkrankungen sind in Deutschland die Todesursache Nummer 1.

Studien zum Cholesterin-Profil

Es liegen Studien mit dem Ziel vor, die Wirkung von FGF2 zusammen mit Omega-3-Fettsäuren auf den Cholesterinspiegel – LDL und HDL – sowie die Blutfettwerte oder Triglyceride und den Blutdruck zu untersuchen.

Die Cholesterinwerte der Gruppen, die FGF2 sowie Omega-3-Fettsäuren-Präparate einnahmen, sanken signifikant. Der schädliche LDL-Cholesterinwert sank ebenfalls deutlich, der „gute" HDL-Wert stieg an. Diese zwei Wirkungen gleichzeitig schafft kein Medikament. Die Blutfettwerte verbesserten sich ebenfalls signifikant. Ganz am Ende der Studie waren die Triglycerinwerte der Gruppen, welche die natürlichen Nahrungs-ergänzungen einnahmen, ebenfalls deutlich gesunken. Bei Teil-nehmern, die unter einem erhöhten Blutdruck litten, sank dieser signifikant. Sicherlich spielen auch die Omega-3-Fettsäuren ne-ben FGF2 eine Rolle dabei, weil sie die Elastizität der Gefäße fördern, Entzündungen eindämmen und die Arterien von Abla-gerungen befreien, wie ich ausführlich in meinem Standardwerk „Chia Power" (Windpferd-Verlag) und dem Kompaktratgeber „Chia" (Mankau) dargelegt habe.

Auch verzeichneten die Mitglieder dieser Gruppen Verbesserun-gen im Bereich Gelenke, Gedächtnis, Haut, Sexualtrieb sowie Muskeltonus und -kraft, Stresspegel, Schlaf und emotionalem Wohlbefinden. Diese Ergebnisse deuten darauf hin, dass FGF2 und Omega-3-Fettsäuren die Herunterregulierung von Choleste-rin, LDL, Triglyceriden und Blutdruckwerten unterstützt. Hier-durch können die Risikofaktoren von Herzinfarkt und Schlag-anfall deutlich reduziert werden. Wer etwas für seine Herzge-sundheit tun möchte, ist also gut beraten, regelmäßig genügend Omega-3-Fettsäuren und den Wachstumsfaktor aus dem Hüh-nerei zu sich zu nehmen.

Wie FGF2 bei Stress hilft

Stresskrankheiten wie Burnout und Tinnitus sind im Kommen. Chronischer Stress schwächt unser Immunsystem und macht auf Dauer krank. Viele Menschen sind in einer Negativspirale gefangen: Stress macht sie krank, und Krankheiten wirken als Stressfaktor auf den Organismus. Stress können wir nicht ent-fliehen. Doppel- und Dreifachbelastung von Frauen, eine oft sinnlose Arbeit, Lärmbelastung, Elektrosmog, Kunstlicht durch Leuchtstoff- und Energiesparlampen, Schlafmangel, immer mehr Hektik am Arbeitsplatz, vielleicht noch Ärger mit den Kin-dern oder Beziehungsprobleme: all dies kann unsere Gesundheit untergraben. Auch die politische Weltlage spielt hier eine Rolle. Viele Menschen fühlen sich den Veränderungen in ihrer Arbeitswelt, Stichwort „Digitalisierung" nicht gewachsen, oder fühlen sich von der volatilen politischen Weltlage überfordert. Gerade höre ich in den Nachrichten, dass sich viele Arbeitnehmer durch die Digitalisierung und dem damit verbundenen Multitasking gestresst fühlen.

Mir berichten Teilnehmer in meinen Reikikursen, dass sie in ihrem Angestellten-Dasein das Gefühl haben, jemand drehe immer schneller am Hamsterrad. Großraumbüros sind ein Stressfaktor für sich, oder Belastung durch Lärm. Ein Beamter, der jetzt in einem Großraumbüro arbeitet, hat mir erzählt, dass er ernsthaft daran denkt, seine Arbeit aufzugeben, weil er seit einiger Zeit im Großraumbüro arbeitet und mit dem Stress und der Hektik und den vielen Ablenkungen nicht mehr klarkommt. Stressfaktoren können außerdem Geldsorgen, Gesundheitsprobleme und soziale Konflikte zum Beispiel in der Familie sein. Stress kann nicht nur krank, sondern auch übergewichtig machen, wie zahlreiche wissenschaftliche Studien belegen. Übergewicht selbst kann für die Betroffenen wiederum ein Stressfaktor sein und befördert das Risiko für viele Krankheiten wie Diabetes Typ II, erhöhte Blutfettwerte oder erhöhten Blutdruck. Alle drei bedeuten ein erhöhtes Risiko für Herz-Kreislauferkrankungen, die bei uns die Todesursache Nummer 1 darstellen.

Immer mehr Menschen kommen mit dem Leistungsdruck an ihrem Arbeitsplatz nicht mehr klar und puschen sich mit legalen und illegalen Substanzen. „Hunderttausende Menschen dopen sich am Arbeitsplatz", dieser Artikel aus „Welt N24" erschien schon am 12. Februar 2009, und seither ist die Situation noch dramatischer geworden. Damals steigerten bereits zwei Millionen Bundesbürger ihre Leistungsfähigkeit mit fragwürdigen Substanzen, wie es im „Gesundheitsreport 2009" der DAK hieß. Besonders beliebt sind unter 20 bis 30jährigen Antidepressiva und Mittel gegen Alzheimer, weil sie bei Gesunden die Gehirnleistung steigern können. Wie Professorin Dr. Isabella Heuser von der Berliner Charité warnt, gibt es bisher keine Erfahrungen mit stimmungsaufhellenden und leistungsfördernden Medikamenten bei Gesunden. Mögliche Nebenwirkungen bei Gesunden seien stärker ausgeprägt als bei krankheitsbedingt bedürftigen Patienten.

„Die Märkische" berichtete am 19./20. März 2016 unter „Drogen gegen den Druck", dass die DAK 2015 in einer Studie zum Schluss kam, dass bereits 3 Millionen Menschen in Deutschland zu verschreibungspflichtigen Medikamenten greifen oder Drogen – im Hintergrund ist ein Hanfblatt abgebildet - , um am Arbeitsplatz keine Schwäche zeigen zu müssen. Sogar jeder fünfte Student greift zu Aufputschmitteln. Mediziner warnen: mit dem Stoff erhöhe sich Stress und Anspannung, auch durch das Risiko, erwischt zu werden. Ein anderer Aspekt: jede Droge, jedes Psychopharmaka ist ein Vitalstoffräuber. „Ohne" scheint mit der Zeit nichts mehr zu gehen. Was, wenn wir einerseits den „Druck auf dem Kessel" an der Uni und in der Wirtschaft etwas rausnehmen, ich denke auch an die Einführung eines Grundeinkommens, und andererseits tatsächlich leistungsfähiger sein könnten durch ein natürliches und gesundes Mittel?

Es gibt guten Stress, „Eustress" genannt, der uns zu Höchstleistungen anspornt. Wenn wir von „Stress" reden, ist aber nicht diese Variante gemeint, sondern „Disstress", negativer und chronischer Stress, der auf Dauer unsere Lebensfreude und unsere Gesundheit gefährdet. Seit 1984 gebe ich bundesweit und erfolgreich Seminare im authentischen Reiki, einer Methode für Tiefenentspannung, heitere Gelassenheit und Stressabbau. Ich hatte noch nie so viele durch Stress beeinträchtigte Menschen in meinen Seminaren. Viele mussten ihre Karriere wegen Burnout für Monate unterbrechen oder gar beenden.

Stress ist zu einer Volkskrankheit geworden, und selbst Kindergarten- und Schulkinder leiden schon an Symptomen wie Spannungskopfschmerzen oder Bauchweh. Oft haben bei uns schon Kinder einen vollen Terminkalender oder fühlen sich den Anforderungen in der Schule nicht gewachsen. Manche erleben Stress durch Mobbing oder fühlen sich einsam und unbeliebt. Typische Stresssymptome sind Erschöpfung, ständige Müdigkeit, Reizbarkeit und Nervosität, Schlafstörungen, Antriebsschwäche und Kopfschmerzen. Wenn Sie an einem oder mehreren dieser Symptome leiden, befinden Sie sich damit in „guter Gesellschaft".

Cortisol, eines der Stresshormone

Die so genannten Nebennieren, die wie Hütchen auf den Nieren sitzen, produzieren eine Vielzahl von Hormonen, darunter auch die Stresshormone Cortisol, Noradrenalin und Adrenalin. Ursprünglich haben diese Hormone unser Überleben gesichert. Wurden wir als Frühmensch zum Beispiel von einem Mammut oder Säbelzahntiger bedroht, sorgten diese Stresshormone dafür, dass wir in Bruchteilen von Sekunden unsere sämtlichen körperlichen und geistigen Kräfte parat hatten, um meistens erfolgreich zu flüchten oder uns zu verteidigen. Durch diese körperliche Aktion wurden die Stresshormone wieder abgebaut. Wir waren wieder im Zustand der heiteren Gelassenheit.

Wenn wir heute Stress haben zum Beispiel im Büro, weil der Chef uns in unseren Augen zu Unrecht kritisiert, verhalten sich unsere Nebennieren wie in einer lebensbedrohlichen Situation: sie schütten Stresshormone aus. Wir können uns danach aber nicht stressadäquat verhalten. Ein stressadäquates Verhalten wird gesellschaftlich nicht gebilligt und stattdessen sanktioniert. Wir können den Chef zum Beispiel nicht tätlich angreifen, und auch nicht das Büro verlassen und erst mal ein paar Runden um den Block drehen. Am nächsten Tag hätten wir den blauen Brief, die fristlose Kündigung im Briefkasten. Stattdessen bleiben wir sitzen oder stehen und schlucken unseren Ärger hinunter. Kommen im Laufe des Tages noch einige ähnliche Situationen hinzu, sind wir abends latent „auf 180", und es braucht nur noch einen klitzekleinen Stressfaktor – zum Beispiel ein chaotisches Kinderzimmer, der Abwasch ist nicht erledigt – und wir explodieren. Und wundern uns im Nachhinein, warum wir uns bei einem so nichtigen Anlass so wenig unter Kontrolle hatten.

Eines der Stresshormone ist, wie gesagt, Cortisol, ein Kampf- oder Fluchthormon. Cortisol verlangsamt vorübergehend den Proteinaufbau im Körper, wandelt Protein in Glukose um und erhöht den Blutzuckerspiegel, um zusätzlich Glukose als Gehirnnahrung zu gewinnen. Was kurzfristig zwar Sinn macht, gefährdet bei Dauerstress aber unsere Gesundheit. Ist der Corisol-Spiegel dauerhaft erhöht, kommt der Blutzuckerspiegel durcheinander – wir entwickeln vielleicht Diabetes -, leidet die Knochendichte, nimmt die Muskelmasse ab, wird das Immunsystem geschwächt, verschlechtert sich das Gedächtnis, verlangsamt sich die Wundheilung, und wächst über die Erhöhung des Blutdrucks das Risiko für Schlaganfall und Herzinfarkt.

Chronischer Stress macht Cortisol zu unserem ständigen Begleiter. Cortisol betäubt die Rezeptoren für Hormone. Es kann sich eine Insulinresistenz entwickeln, weil die Zellen nicht mehr auf Insulin reagieren und Cortisol den Eintritt von Glukose in die Zellen hemmt. Es entstehen auf Dauer Bindegewebs- und Nervenschäden, und Faltenbildung und beschleunigte Alterung werden gefördert. Weil Cortisol Appetit macht, Muskelmasse abbaut und die Fettbildung fördert, entsteht Übergewicht. Sogar das Risiko, an Demenz und Alzheimer zu erkranken, wächst. Zu viel Cortisol erhöht den Augeninnendruck, und das Risiko für einen grünen Star oder ein Glaukom wächst. Cortisol dämpft die Produktion von Testostoron. Bei Dauerstress sind daher Männer in Gefahr, ihre Männlichkeit zu verlieren, und Frauen können vorübergehend unfruchtbar werden. Letztlich sind alle Gewebe und inneren Organe von der Schädigung betroffen. Nach dem Genannten können wir uns vorstellen, dass ein dauerhaft zu hoher Cortisol-Spiegel die Lebensqualität massiv einschränkt und die Lebenserwartung reduziert. Stress ist Gift. Cortisol wird manchmal auch als „Alters- oder Todeshormon" bezeichnet. Je höher der Cortisolspiegel, desto geringer ist die Lebenserwartung.

Studien über Cortisol und FGF2

Das Ziel vieler Studien bestand darin herauszufinden, wie sich FGF2 auf den Cortisolspiegel auswirkt. Die Studien zeigten, dass auch bei gesunden Menschen eine Abnahme von Cortisol stattfindet. In der höchsten Altersgruppe ab 70 Jahren waren die Ergebnisse am beeindruckendsten. Im Durchschnitt war der Rückgang des Cortisolspiegels bei Frauen noch größer als bei Männern.

Der größte Unterschied bei der ältesten Gruppe ist erklärlich. Die älteren Personen starteten mit einem höheren Cortisolspiegel als jüngere, die Ausgangsbasis war höher und daher auch die besonders starke Reduktion durch FGF2. In einer Studie kam der Charakter von FGF2 als Jungbrunnen besonders deutlich zum Ausdruck, indem eine 80 Jahre alte Person ihren Cortisolspiegel auf die Hälfte – auf den einer Vierzigjährigen – reduzieren konnte. Forscher fanden zudem heraus, dass FGF2 nicht nur den Cortisolspiegel senkt, sondern gleichzeitig den Serotoninspiegel anhebt sowie den Spiegel der Neurotransmitter oder Botenstoffe Dopamin, Acetylcholin und GABA. Die Ergebnisse sind eine gehobene Stimmung, weniger Ängste, mehr Mut, weniger Heißhunger, schnellere Denkprozesse und geistige Klarheit. Durch einen reduzierten Cortisolspiegel wird der Körper offenbar in die Lage versetzt, jene Hormone und Botenstoffe in ausreichender Menge zu produzieren, welche ihm gut tun und welche er braucht.

Wenn man bedenkt, dass ein erhöhter Cortisolspiegel für verfrühte Alterungsprozesse und die Entstehung chronischer Krankheiten und Übergewicht verantwortlich ist, sollte man unbedingt mit FGF2 vorbeugen und die Dosierung hoch genug ansetzen. Wenn man dann noch berücksichtigt, dass der Fibroblasten-Wachstumsfaktor Zellen verjüngt und damit Alterungsprozesse hinauszögert, hat man zwei Fliegen mit einer Klappe geschlagen. Die schädlichen Wirkungen der Stresshormone sind gezähmt, und der Reparaturmechanismus der Zelle bleibt bis ins hohe Alter auf jugendlichem Niveau. Der Extrakt aus dem Hühnerei scheint ein Geschenk des Himmels zu sein für den stressgeplagten Menschen der heutigen Zeit.

Wie und warum FGF2 Übergewicht reduziert, und warum Anwender auch langfristig ihr neues Gewicht halten können

Anwender des Hühnerei-Extraktes erzählen, dass sie bei Übergewicht Gewicht abnahmen, ihr Fettanteil im Gewebe sich reduzierte und sie das neue, gesündere Gewicht problemlos und leicht halten konnten.

Übergewicht ist in den Industrieländern ein großes Problem, Tendenz: steigend. Waren noch vor wenigen Jahren etwa eine Milliarde Menschen unter- und eine Milliarde Menschen überernährt, so hungern im Jahr 2015 „nur" noch 700 Millionen Menschen weltweit, aber etwa zwei Milliarden (von insgesamt etwa sieben Milliarden) Menschen sind übergewichtig. So schrieb die FAZ am 13. Juni 2017 unter dem Titel „Schon jeder dritte Mensch leidet an Übergewicht", dass von den mehr als 700 Millionen Fettleibigen etwa 100 Millionen Kinder sind. Wenn man bedenkt, dass die Anzahl der Fettzellen im Kindesalter festgelegt wird, kann man sich vorstellen, dass diese Kinder im Erwachsenalter Mühe haben werden abzunehmen. Das Ergebnis der Studie war am 12. Juni 2017 im renommierten „New England Journal of Medicine" vorgestellt worden. „Die Zahl der Fettleibigen hat sich demnach in 73 Ländern seit 1980 verdoppelt." Unter den zwanzig bevölkerungsreichsten Ländern der Welt liegen die USA bei der Rate fettleibiger Kinder und junger Erwachsener mit einem Anteil von 13 Prozent auf dem Spitzenplatz. Bei älteren Erwachsenen ist Fettleibigkeit mit einem Anteil von 35 Prozent in Ägypten besonders verbreitet. Ich war im Dezember 2016 in Ägypten und kann dies bestätigen. Ich habe selten so viele Übergewichtige gesehen wie dort.

Von extremem Übergewicht oder „Adipositas" sprechen Mediziner, wenn der Körper-Masse-Index oder BMI 30 beträgt. Beim BMI wird das Gewicht in Kilogramm durch das Quadrat der Größe in Metern geteilt. Ein 1,80 Meter großer Mann gilt bei einem Gewicht von etwa 98 Kilogramm an als fettleibig (98 : 1,80 : 1,80 = 30,25), von gut 80 Kilogramm an ist er übergewichtig.

An der Studie war das „Institute for Health Metrics and Evaluation" der Universität von Washington in Seattle beteiligt. Das Institut fand heraus, dass 2015 2,2 Milliarden Menschen zumindest übergewichtig waren, das entspricht etwa 30 Prozent

der Weltbevölkerung. Übergewicht und Fettleibigkeit gelten als eine der größten gesundheitlichen Herausforderungen unserer Zeit. Das Sterberisiko steigt. Übergewicht ist zum Beispiel ein Risikofaktor für Diabetes, Krebs und Herz-Kreislauferkrankungen, ja sogar für seelische Krankheiten wie Depressionen. Die Autoren gehen von vier Millionen Menschen aus, die 2015 aufgrund eines erhöhten BMI-Wertes gestorben sind. Die Todesursache war meist eine Herz-Kreislauf-Erkrankung, gefolgt von Diabetes, Nierenerkrankungen und Krebs. „120 Millionen Menschen konnten aufgrund ihres Übergewichts kein beschwerdefreies Leben führen. Sie sind im Alltag so stark beeinträchtigt, dass sie als behindert gelten."

Es ist bekannt, dass chronischer Stress über die Ausschüttung von Stresshormonen wie Cortisol das Risiko für Übergewicht steigen lässt. FGF2 – siehe das Extra-Kapitel zum Thema Stress– senkt den Cortisolspiegel und damit das Risiko, stressbedingt zuzunehmen. Sinkt der Cortisolspiegel, kann der Körper wieder jene Hormone produzieren, die ihm gut tun und die er braucht. Der Serotoninspiegel steigt. Serotonin ist das Wohlfühl- oder Glückshormon. Die Menschen fühlen sich besser und schlafen auch besser. Zahlreiche Studien zeigen, dass Schlafmangel zur Bildung von Übergewicht beiträgt. Wer schlecht oder zu wenig schläft, nimmt zu. Wenn die Hormone im Gleichgewicht sind, und dazu trägt der Extrakt aus dem Hühnerei bei, kann der Körper zu viel gespeichertes Wasser ausscheiden. Auch dieser Mechanismus trägt zu einer gesunden Gewichtsabnahme bei.

FGF2 fördert die Entgiftung des Organismus, weshalb manche Anwender in der Anfangsphase zum Beispiel von Pickeln berichten. Mit den Giftstoffen wird auch überflüssiges Fett ausgeschieden. Der Hühnerei-Extrakt bringt über den Wachstumsfaktor FGH2 den Spiegel der Neurotransmitter oder Botenstoffe wie Serotonin und Dopamin ins Gleichgewicht. Steigt die Stimmung, gibt es weniger Anlass für Frustessen. Für die Betroffenen gibt es wieder Wichtigeres und Spannenderes als Essen.

FGF2 reduziert den Cortisolspiegel. Damit wird der Körper in die Lage versetzt, mehr körpereigene Hormone zu produzieren. Bei Frauen nach der Menopause kann dies bedeuten, dass sie vorübergehend wieder Hitzewallungen bekommen können oder es zu Wasseransammlungen im Gewebe kommt, wodurch das Gewicht nach oben geht. Es kann einige Wochen oder Monate dauern, bis sich der Östrogenspiegel bei diesen Frauen auf die ursprüngliche gesunde Höhe einpendelt. Auch bei einer vorübergehenden Gewichtszunahme sollten sie unbedingt weiter FGF2 zu sich nehmen, um den Cortisolspiegel nachhaltig zu senken und die Hormone wieder dauerhaft auf ein gesundes Niveau zu bringen.

Wenn der Cortisolspiegel über viele Jahre erhöht war, kann es einige Tage oder sogar Wochen dauern, bis er sich wieder normalisiert. Daher sollten Sie Geduld haben. Was mich am Anfang überrascht hat, was aber im Rückblick logisch ist: auch bei Untergewicht hilft FGF2. Ein sechszehnjähriger Kampfsportler berichtet, dass er trotz ausreichender Ernährung nur 49 Kilos wog. Als er anfing, FGF2 zu nehmen, erreichte er in Kürze sein Idealgewicht. Dieses Beispiel zeigt: FGF2 bringt den Körper ins Gleichgewicht, „back to balance". Einige Menschen reagieren bei chronischem Stress nicht mit Über-, sondern mit Untergewicht. Das war offenbar bei diesem jungen Mann der Fall. Durch den Wachstumsfaktor im Extrakt aus dem befruchteten Hühnerei kam er offenbar mit Stress besser klar, weil sein Cortisolspiegel sank. Zusammen mit den hochwertigen Nährstoffen im Eiextrakt war dann der Mann in der Lage, zuzunehmen und sein Idealgewicht zu halten.

Verbesserte Darmgesundheit durch FGF2

Die Probanden verschiedener Studien zeigten eine signifikante Verbesserung ihrer Darmgesundheit schon nach vier Wochen täglicher Einnahme von zwei Kapseln mit dem Hühnerei-Extrakt. Wenn der Wachstumsfaktor FGF2 sämtliche körperlichen Prozesse optimiert, wirkt er natürlich auch günstig auf den Darm ein. Die Teilnehmer hatten sich verpflichtet, während der Studien keine weiteren Nahrungsergänzungsmittel zu verwenden, um aussagefähige Ergebnisse zu erzielen.

Alle Teilnehmer zeigten eine wesentliche Verbesserung bei der Menge der kurzkettigen Fettsäuren und bei der Produktion von Butyraten. Butyrate sind die Ester der Buttersäure oder Buttersäureester. Beide Stoffe werden weiter unten in ihrer Bedeutung für ein gesundes Verdauungssystem erklärt. Diese Indikatoren zeigen, dass der Darm ein gesünderes Mikrobiom gebildet hatte, die Darmflora hatte sich in nur vier Wochen regeneriert.

Im Darm sind rund 80 Prozent unseres Immunsystems angesiedelt. Es werden dort Botenstoffe wie Dopamin und Serotonin gebildet. Man spricht auch von „Bauchhirn": im Darm sind mehr Nervenzellen zu finden als im gesamten Rückenmark! Auf rund 100 Millionen schätzen Forscher die Zahl der Nervenzellen im Darm. Wie wir uns fühlen und wie leistungsfähig wird sind, wird bestimmt durch die Art unserer Darmflora. Als ein „zusätzliches Superorgan von immenser Bedeutung" beschreibt der amerikanische Neurowissenschaftler Alban Gaultier von der Universität Virginia das Mikrobiom. Emeran Mayer, Gastroenterologe und Neurowissenschaftler an der University of California in Los Angeles, erforscht seit mehr als 30 Jahren den Darm und seine Bewohner. In seinem Buch „Das Zweite Gehirn" (Riva) beschreibt er, wie Bakterien unsere Gefühle und Gesundheit beeinflussen.

Näheres zu diesem wichtigen Thema können Sie im Mega-Bestseller „Darm mit Charme" nachlesen. Die Autorin Giulia Enders ist eine junge Ärztin und macht gerade in Hamburg ihre Facharztausbildung zur Gastroenterologin, Spezialistin für den Darm. Sie hat das große Verdienst, in deutschsprachigen Ländern das Thema „Darm" aus der „Schmuddelecke" gebracht zu haben. Das Thema ist durch ihren Mega-Bestseller – 2017 mit über 2 Millionen Auflage – gesellschaftsfähig geworden.

Der „Focus" hat dem Thema „Darm" gerade eine Titelstory gewidmet: „Die Macht des Mikrobioms: Gesundheit aus dem Bauch. Wie die Bakterien im Darm unser Wohlbefinden und die Gefühle steuern." („Focus" vom 15. Juli 2017) Jeder dritte Deutsche leidet an Verdauungsproblemen. „Ursache dafür ist meist eine verarmte Darmflora". Die Darmbakterien, auch Mikrobiom genannt, sind die Hüter unserer Darmwand und schützen uns vor unerwünschten Erregern. Ein Drittel der Moleküle im Blut werden von unseren Darmbakterien produziert. Gelangen

Stresssignale vom zentralen Nervensystem zum Darm, verschiebt sich die Zusammensetzung der Mikroben-Population. Schädliche Arten machen das Rennen. Dr. Emeran Meyer, Darmspezialist, rät: „Jeder Mensch sollte die Beziehung zu seiner Darmflora pflegen. Wir müssen Gehirn und Mikroben bei Laune halten." Er empfiehlt stressmindernde Verfahren wie Meditation – auch das authentische Reiki ist eine Meditationsart – oder Yoga. Und er ermuntert uns, das Mikrobiom mit einer gemüsereichen und fleischarmen Ernährung in Top-Form zu bringen.

Kommen wir zurück zur Studie. Die Vorzüge der kurzkettigen Fettsäuren KFS, welche sich unter Einnahme von FGF2 signifikant vermehrten, sind z. B.:

- Sie versorgen die Zellen in der Darmwand mit Energie;
- sie schützen den Menschen vor Durchfall, indem sie überschüssiges Wasser und Salz aus dem Dickdarm entfernen;
- sie dämmen die Vermehrung pathologischer – krankmachender – Keime im Darm ein und verhindern die Ausbreitung von schädlichen Pilzen wie Candida Albicans;
- sie versorgen uns mit bis zu dreißig Prozent der Energie, die wir täglich brauchen;
- sie verringern die Aufnahme von Schwermetallen durch die Darmwand ins Blut.

Eine Studie zeigte: Im Untersuchungszeitraum von vier Wochen erhöhte sich die Menge der KFS um spektakuläre durchschnittliche fast 30 Prozent. Kurzkettige Fettsäuren verhindern die Vermehrung von pathogenen Keimen im Darm. KFS sind für die Funktionsfähigkeit der Kolonschleimhaut unerlässlich. Sie dienen als Lieblingsfutter der physiologischen, gesunden Darmflora.

Wofür stehen Butyrate, die Ester der Buttersäure? Diese Substanzen verhelfen uns zu einem gesunden Darm, indem die Mutation von Darmzellen, das heißt ihre Entartung in Richtung Krebs, vorgebeugt und verhindert wird. Butyrate sorgen für gesundes Zellwachstum in der Darmschleimhaut und verhindern Schäden an der DNA, dem genetischen Code.

Buttersäure entsteht im menschlichen Dickdarm vor allem beim Abbau von präbiotischen Kohlenhydraten durch Darmbakterien. Durch die dadurch verursachte pH-Verschiebung in den saureren Bereich wird das Milieu für Salmonellen und weitere Krankheitserreger ungünstig. Buttersäure regt darüber hinaus die Peristaltik oder die Darmbewegung an und versorgt die Epithelzellen des Dickdarms mit Energie. Ausreichende Mengen von Butyraten senken das Risiko für die Entwicklung von bösartigen Tumoren im Dickdarm.

Außerdem reduzieren Butyrate das Risiko für Darmentzündungen. Sind ausreichend Butyrate im Darm vorhanden, sinken erhöhte Entzündungsmarker. Menschen mit Darmentzündungen wie Reizdarm, Colitis Ulcerosa oder Morbus Crohn weisen meist einen erniedrigten Spiegel von Butyraten und kurzkettigen Fettsäuren auf.

Butyrate stimulieren die Zellneubildung in den Schleimhauteinstülpungen bzw. Krypten des Dickdarms und aktivieren die Enzymtätigkeit für eine gesunde Verdauung. Nur ein optimaler Energiestoffwechsel der Zellen garantiert die Barrierefunktion des Darms. Diese Schrankenfunktion wird auch „Mukosablock" genannt und schützt den Menschen vor dem Übertritt von Bakteriengiften aus dem Darminneren ins Blut und in die Lymphbahn. Außerdem verhindert der Mukosablock die Aufnahme von Bakterien und Keimen im Darm.

Neben der täglichen Einnahme von Extrakt aus dem Hühnerei empfiehlt sich bei Darmerkrankungen jeder Art, ballaststoffreiche Nahrung wie Vollkornbrot, Flohsamenschalen, Nüsse und Chiasamen zu essen. Dies erhöht auch die Transitzeit durch den Darm. Das gesunde Ziel sollte mindestens eine tägliche Entleerung sein, wobei der Stuhl wohlgeformt und nicht überriechend sein sollte. Auch Baobab-Fruchtpulver aus der Frucht des afrikanischen Baobabs saniert die Darmflora, wie ich in meinem Buch dokumentiert habe. Mit dem Extrakt aus dem Hühnerei sorgen Sie für eine gesunde Darmflora und mehr Darmgesundheit. Der Darm ist die Wurzel der Pflanze Mensch.

„Dr. Käte": eine Ärztin spricht über ihre Erfolge mit dem Extrakt aus dem Hühnerei vor allem bei Kindern und Jugendlichen

Dr. Käte Niederkirchner ist eine Ärztin der ganz besonderen Art. Sie berlinert und lässt sich nicht nur von den Kindern in ihrer Praxis „Dr. Käte" nennen. Als Kinder- und Jugendärztin arbeitet sie hauptsächlich mit „Flippis", die immer andere nerven und auch meist selbst genervt sind. Wegen dieser Kinder ist sie auf FGF2 gestoßen. Auch sie selbst hat ADH – Aufmerksamkeits-Defizit zusammen mit Hyperaktivität – und aufgrund dessen eine Stress-Diabetes und muss daher Insulin spritzen. Dank dem Extrakt aus dem Hühnerei konnte sie die Dosis von 30 Einheiten auf 10 bis 12 reduzieren.

Ihre Erfahrungen sind beeindruckend. Erst seit einem Jahr nimmt sie dieses natürliche Mittel. „Die Sprechstunde mache ich jetzt ruhig und gelassen." Sie fing aufgrund ihrer eigenen positiven Erfahrungen an, ihren kleinen Patienten den Extrakt zu geben, mit sehr guten Ergebnissen. Zwei Kinder sind jetzt von Ritalin bzw. Methylphenidat weg und nehmen stattdessen das Power-Mittel aus dem Hühnerei. Dr. Niederkirchner: „Sie haben keine depressive Verstimmung mehr. Ihre Aufmerksamkeit ist gut, ohne die Nebenwirkungen der chemischen Mittel."

Sie gibt am Anfang Ritalin UND den Hühnerei-Extrakt. „Man kann die Kinder fragen. Sie sagen einem, wenn sie Ritalin nicht mehr brauchen." In ihren Augen ist ADHS – Aufmerksamkeits-Defizit-Syndrom mit Hyperaktivität - oder ADS keine Krankheit. Sie ergänzt: „Aber auch ich benutze diese Diagnose." Das Gehirn dieser Kinder und Jugendlichen würde „anders ticken." Sie ist nicht grundsätzlich gegen Ritalin. „Der Druck in der Familie baut sich ab. Viele sind mit Ritalin gut gefahren. Viele Kinder haben strahlende Augen. Das erste Mal hat ihnen die Schule Spaß gemacht."

Mit dem speziellen Wachstumsfaktor aus dem Hühnerei macht Dr. Niederkirchner gute Erfahrungen. „Auch die Eltern sollten es nehmen, um zu sehen, welche Entspannung das in die Familie bringt. Und dann ihren Kindern geben." Sie empfiehlt, bei Stoffwechselstörungen, die oft der ADS zugrunde liegen, zusätzlich Verdauungsenzyme zu geben. „Diese Kinder entgiften schlecht. In diesen Gruppen finden sich die meisten Allergiker und Symptome wie Asthma, Neurodermitis und Zuckersucht. Der Darm arbeitet nicht mehr richtig. Dadurch kommt das ganze Immunsystem durcheinander. Oft ist der Darm porös. Die Entgiftung dieser Kinder ist sehr wichtig. Dringend benötigen die Kinder Omega-3-Fettsäuren und Verdauungsenzyme. Omega-3-Fettsäuren sind für Kinder mit ADS besonders wichtig. Die Leitungsfähigkeit des Gehirns wird verbessert, und auch die Durchblutung wird besser. Das ist auch wichtig für Menschen mit MS. Ich habe erfolgreich eine Frau behandelt, die seit neun Jahren eine schwere Neuroborreliose hatte. FGF2, Verdauungsenzyme und Omega-3-Fettsäuren haben bewirkt, dass sie aussah wie ein Streuselkuchen, weil sie über die Haut entgiftet hat. Jetzt hat sie die Neuroborreliose nicht mehr.

Verdauungsenzyme zusammen mit Kokosöl wirken gegen Pilze im Darm. Dies verbessert die Resorption, die Aufnahme im Darm. Dadurch haben die Kinder mehr Energie. Die Kinder sind so „verrückt" und zappelig, weil sie wenig Energie haben. Später kann man einiges runterfahren." FGF2 hilft sogar bei Morbus Sudeck. „Das Besondere ist: die eigenen Stammzellen werden aktiviert, die den Körper immer wieder herstellen. Daher gibt es keinen Bereich, der nicht wieder hergestellt werden kann. Bei Morbus Sudeck sind natürliche Mittel zur Aktivierung des Immunsystems wie natürliches Vitamin C ebenfalls wichtig. Das Vitamin C darin bringt eine enorme Verbesserung der Durchblutung und löst Plaque in den Arterieninnenwänden auf.

In der menschlichen Nabelschnur finden sich die meisten Stammzellen. Daher wird Nabelschnurblut für die Stammzellentherapie genutzt. Die Frage nach dem Alter der Anwender? Ich habe den Extrakt aus dem Hühnerei schon Säuglingen in die Säuglingsmilch gegeben. Wir kommen ja mit Stammzellen auf die Welt, daher kann man FGF2 schon den Kleinen geben. Wenn die Stammzellenproduktion gehemmt ist, egal aus welchen Gründen, hilft die Zufuhr von außen. Den Kapselinhalt in Wasser aufgelöst, Wasser oder Kokosöl, hilft auch äußerlich bei Hautausschlägen und Neurodermitis.

Kinder mit ADS, die den Extrakt nehmen, sind vielleicht lustiger. Sie sind nicht mehr so frustriert. Die Melatonin- und Tryptophanbildung wird angeregt. Wichtig ist, dass die Kinder zufriedener sind und nicht mehr so frustriert und aggressiv. Sie werden mit FGF2 glücklicher, und ihre Ausstrahlung wächst. Man kann mit wenig anfangen und dann schnell steigern. Der Darm wird auch mit dem Wachstumsfaktor saniert, über die Aktivierung der Stammzellen. Wir bekommen sozusagen einen Bauleiter, der sagt, wo etwas repariert werden muss. Sogar mit einem Jugendlichen, der das Asberger-Syndrom hat, habe ich gute Erfolge. Er ist hochintelligent, hatte aber in der Mathe-Prüfung eine 5. Mit dem Extrakt aus dem Hühnerei hat er eine grandiose Prüfung hingelegt. Sonst war er ängstlich. Nun hat er mit Bravour bestanden, ist klar und selbstbewusst und hat sich in einer anderen Weise organisiert. Mit FGF2 wird der Spiegel von Endorphinen und Serotonin erhöht, und der Spiegel der Stresshormone wie Cortisol sinkt. Das gesamte Nervengewebe kann sich regenerieren. Das ist ein Prozess, der dauern kann."

Auch Dr. Klinghardt empfiehlt bei Autisten, den Darm zu sanieren. „Plötzlich sind selbst schwere Autisten symptomfrei. Der Darm ist unser zweites großes Hirn. Er produziert FGF2 Stoffe, die im gesamten Körper günstig wirken. ADHler leiden oft unter Süßsucht, wegen der entarteten Flora im Darm. Süßsucht ist immer eine Darmthematik. Daher hat eine Darmsanierung auch immer bei neurologischen Erkrankungen eine gute Wirkung." Sie propagiert eine Hochdosierung am Anfang von bis zu 10 Kapseln pro Tag über vier Wochen. „Dann dauert eine eventuelle Erstverschlechterung nicht so lange." Sie verzeichnet auch Erfolge bei Legasthenie und Diskalkulie, die in ihren Augen oft mit ADHS zusammenhängen. Wenn ihr Stress- und Nervensystem dank FGF2 besser funktioniert, „können sie besser lernen. Es gibt viele, die wieder eine gute Schreibweise haben. Lernmethoden greifen besser. Die Kinder haben weniger Frust und lernen deshalb besser."

Viele in ihrer Familie, so Dr. Käte, sagen, sie sei „keine richtige Ärztin." In meinen Augen ist sie vielleicht eine der noch raren „wahren Ärzte", welche ihre Patienten ganzheitlich betrachten und sich um eine ursächliche Therapie mit möglichst wenigen Nebenwirkungen bemühen. Sie nimmt offenbar das Ärzte-Gelübde „primum non nocere", „vor allem nicht schaden", sehr ernst. Von dieser Sorte Ärzte sollte es mehr geben, finde ich.

Durch die Einnahme von FGF2 zu einer jugendlich schönen Haut

Schönheit kommt in zweierlei Hinsicht von innen. Die Haut spiegelt wider, wie wir uns fühlen. Sie zeigt aber auch, ob wir uns gesund oder ungesund ernähren. Durch Umweltgifte und zu viel UV-Licht steht die Haut, besonders unsere empfindliche Gesichtshaut, unter Dauer-Stress. Kollagenfasern können brechen. Dann sieht die Haut müde, verbraucht, grau und schlaff aus.

Schönheit von innen heißt natürlich auch, dass wir an unserer Ausstrahlung arbeiten. Dazu empfiehlt sich ein Einweihungs-Seminar in das System des authentischen Reiki. Diese uralte Heilmethode wird in den USA auch „Ausstrahlungstechnik" genannt, weil sie dauerhaft unsere Ausstrahlung verbessert. Je mehr positive Energien wir ausstrahlen, desto mehr positive Menschen und Situationen ziehen wir energetisch an. „Wie du in den Wald hinein rufst, so schallt es heraus", sagt ein bekanntes Sprichwort. Oder auch „gleich und gleich gesellt sich gern", oder „Menschen mit gleicher Wellenlänge ziehen sich an." Sie kennen sicherlich die berühmte Formel von Albert Einstein, $E = mc^2$. Sie besagt unter anderem, dass alles eine Frage von Schwingungsdichte ist oder von Frequenz.

Was sind nun im Einzelnen die Faktoren, welche die Haut frühzeitig altern lassen? Zu viel ultraviolettes UV-Licht verursacht „Photo-Aging", Altern durch zu viel Sonnenlicht, und kann die empfindliche Gesichtshaut in ihrer Struktur bis in tiefere Hautschichten hinein zerstören. Die Haut wird lederartig oder erschlafft, und es bilden sich jede Menge so genannte Alters- oder Pigmentflecken. Haben wir zu viele davon, kann es sein, dass wir auf unsere Umgebung bis zu zehn Jahren älter wirken.

Auch Umweltgifte greifen die Haut an. Wer zum Beispiel in einer Großstadt lebt, kann ihnen schlecht ausweichen. Viele Medikamente haben eine ungünstige Wirkung auf die Haut. Als Beispiel ist hier Cortison zu nennen, was die Haut dünn und pergamentartig machen kann. Wer zu viele Süßigkeiten isst, schadet seiner Haut. Nahrung mit vielen gesättigten Fettsäuren tierischer Herkunft – sehr negativ wirken chemisch veränderte Transfettsäuren – lassen unsere Haut ebenfalls schneller altern und natürlich auch Nikotin, Alkohol und Drogen jeder Art. Die Gene spielen natürlich auch eine Rolle. Wer weniger Obst und Gemüse isst und um Superfoods einen Bogen macht, muss Schäden durch freie Radikale befürchten. Das sind aggressive Sauerstoffmoleküle, welche zu verfrühten Alterungsprozessen auch in der Haut führen. Freie Radikale können sogar Schäden in der DNA erzeugen und zu Krebs – auch Hautkrebs – führen.

Viel Vitamin C schützt die Haut, indem es die Herstellung von Kollagen stimuliert. Kollagen macht unsere Haut jugendlichprall. Für die Produktion von Elastin und Kollagen sind auch zwei bestimmte Aminosäuren, Prolin und Lysin, aus der Nahrung nötig. Vitamin C fördert nicht nur eine jugendlich-frische Haut, sondern auch eine gesunde Wundheilung und Narbenbildung und wirkt Hautentzündungen entgegen.

Der Wachstumsfaktor FGF2 im Hühnerei-Extrakt wirkt als Hormon, das die Fibroblasten-Zellen zur Bildung von Kollagen und Elastin stimuliert. Mit diesem Hormon werden die Zellen angeregt, Anti-Aging-Stoffe für die Zellen, darunter auch den Zellen der Haut, zu produzieren. Sie hatten ja in diesem Buch bereits gelesen, dass durch den ganz besonderen Wachstumsfaktor die Aktivität der undifferenzierten Stammzellen aktiviert wird, so dass sie in großer Zahl ausschwärmen können, um schadhafte Zellen auch in der Haut zu reparieren oder durch gesunde, neue zu ersetzen.

Daher enthält der Extrakt aus dem Hühnerei genau die Bestandteile, welche unsere Hautzellen benötigen, um auch im fortgeschrittenen Alter noch frisch und elastisch zu sein. Unsere Haut spiegelt dann unser neues Grund-Gefühl von Frische und Jugendlichkeit wider, das wir durch die optimale Nährstoffversorgung erreichen. Man ist so alt, wie man sich fühlt – und auch, wie man aussieht. Vielleicht spricht Sie jemand an, ob Sie im Urlaub waren, weil Sie so frisch und gut aussehen. Eventuell stimmt das gar nicht, Sie hatten vielleicht sogar einen stressigen Tag, aber dank FGF2 konnten Sie mit diesem Stress gut umgehen, und Ihr Haut blieb gut versorgt und Ihre Ausstrahlung gewinnend.

Themen von A-Z

Der ganz spezielle Hühnerei-Extrakt ist kein Medikament, sondern ein Adaptogen: Ein natürliches Nahrungsergänzungsmittel, welches sämtliche körperlichen und damit auch seelisch-geistigen Funktionen harmonisiert und optimiert. Der Körper strebt zu einer Homöostase, einem Gleichgewicht. FGF2 bringt den Körper wieder „back to balance". Ist der Körper wieder in der Balance, wirkt sich dies auch harmonisierend auf die Psyche, das heißt, auf die Gedanken und Gefühle aus. Ja, sogar die spirituelle Ebene in uns wird angesprochen: wir erinnern uns wieder an unsere Talente und daran, warum wir überhaupt hier sind!

Wenn Sie Symptome haben, suchen Sie bitte erst einmal einen Arzt oder Heilpraktiker auf, um die Ursachen abzuklären. FGF2 unterstützt dann offenbar Heilung auf allen Ebenen, wie die anektdotischen Erfahrungsberichte zeigen. Beschwerden, Ungleichgewichte und Krankheiten – körperliche und seelische – habe ich alphabetisch gegliedert, so dass Sie Interessantes für Sie schnell wiederfinden können.

Die wissenschaftlichen Studien, die es schon zum Wachstumsfaktor FGF2 gibt, habe ich in eigenen Kapiteln zusammengestellt. Was mir bei den Erfahrungsberichten auffällt: jeder kann von FGF2 profitieren, ob krank oder gesund. Hat man keine Beschwerden, erlebt man mehr Ausdauer, Lebensfreude und Energie. „Was man nicht kennt, kann man nicht vermissen": probieren Sie es selbst aus. Denn: Probieren geht über Studieren!

„In einer Arztrunde meinte ein Arzt, dass es sich hier um den ewigen **Jungbrunnen** handelt, denn eine 80 Jahre alte Person konnte durch die Einnahme das Cortisol auf die Hälfte eines 40jährigen reduzieren."

„Patienten mit alten **Verletzungen** begannen, sich plötzlich wieder zu regenerieren, und ein Heilungsprozess begann. Auch an Kindern mit Gehirnverletzungen und dem Down Syndrom konnten durch die Einnahme Heilungsprozesse festgestellt werden." (Dr. Morns)

„Ein Mann mit einer alten **Ellenbogenverletzung** beobachtete, dass die Verletzung begann, sich zurückzubilden. Die Ärzte meinten, dass die richtigen Nährstoffe zusammen mit den Signal-Molekülen den Körper wieder dazu bringen, sich zu erneuern und alte Verletzungen im Köper durch Zellerneuerung zu reparieren."

„Die Ärzte bekräftigen, dass die Reduktion des Cortisolspiegels eine Abnahme der **Entzündungen** und **Schmerzen** verursacht."

„Auch bei **hyperaktiven Kindern** und apathisch-phlegmatischen Kindern konnten positive Veränderungen beobachtet werden. Die präembryotischen Signalmoleküle können offenbar bei genetischen Schäden wie Hämophilie, Rückenmarkssyndrom und Down Syndrom Verbesserungen erzielen."

„FGF2 ist kein Abführmittel. Aber bei Menschen, die **Verstopfung** haben, reduziert es dieses Problem."

„Menschen **schlafen besser,** wenn sie FGF2 zu sich nehmen. Reduziertes Cortisol erlaubt dem Körper, jene Hormone zu produzieren, die ihm gut tun und die er braucht. Der Serotoninspiegel hebt sich und die Menschen fühlen sich besser und schlafen besser."

Allergien

Allergien sind ein Ausdruck eines geschwächten, überaktiven Immunsystems. Bei einem Anwender von FGF2 hatte sich die Allergie gegenüber bestimmten Nahrungsmitteln und Druckerfarbe stark verbessert. Eine Frau sieht sich „von ausgeprägten Allergien befreit". Auch bei einem Kind wurde das Verschwinden von sämtlichen seiner Allergien beobachtet.

Alzheimer

Eine 78jährige Frau litt unter Alzheimer. Ihr Kurzzeitgedächtnis funktionierte nicht mehr. Sie erkannte niemanden mehr und war aggressiv geworden. Nach fünf Wochen FGF2-Einnahme war sie wieder viel selbständiger und ging wieder allein spazieren.

Angst

Mary M. aus den USA berichtet, dass ihre Angst vollkommen verschwunden ist und sie sich jetzt dank dem einzigartigen Extrakt aus dem Hühnerei in beengten Räumen nicht mehr unwohl fühlt. Barbara G. aus den USA schreibt, dass sie jetzt tiefer schläft. „Ich war eigentlich ständig ängstlich und konnte mich auch nicht konzentrieren." Daher konnte sie auch mit Stress schlecht umgehen. Jetzt erlebt sie Wohlbefinden und eine Steigerung ihrer Lebensqualität. Ihre Ängste sind verschwunden.

Arthrose

Unter Arthrose leiden Millionen Bundesbürger. Es handelt sich um schmerzhafte Gelenkentzündungen, wobei sich die Knorpel mit der Zeit auflösen und normale Bewegungen nicht mehr möglich sind. Bei einer Frau waren die Schmerzen in den Fingergelenken nach nur 3 ½ Monaten verschwunden. Bei einer weiteren Anwenderin hatte sich die Arthrose am Genick und an den Fingern wesentlich verbessert. Steve P. aus den USA berichtet, dass er mit FGF2 anfing aufgrund seiner Schmerzen im linken Knie. Innerhalb von nur ein paar Wochen hatte er keine Knieprobleme mehr. Er kann jetzt sogar mehrere Male in der Woche Golf spielen, was zuvor aufgrund seiner Knieprobleme nicht ging. Gloria M. aus den USA stellt fest, dass ihr linkes Knie schmerzt, wenn sie den Hühnerei-Extrakt nicht nimmt, und sie dann keinen Spaziergang machen kann. FGF2 hilft ihr, sich besser zu fühlen, ohne Medikamente nehmen zu müssen.

Aussehen

Anwender berichten, dass ihre Fingernägel stabil „wie Eisen" geworden sind. Bei einigen sind die Altersflecken seit der Einnahme verschwunden, und die Haut- und Haarstruktur hat sich deutlich verbessert. Eine Konsumentin berichtet, dass ihre Haut glatter ist, ihre Fingernägel fester, die Haare stärker, und die Falten geglättet. Sie fühle sich auch vitaler und jünger. Dayle P. aus den USA berichtet, dass ihre Haut besser aussieht. Die Menschen um sie herum haben diese Veränderungen gemerkt. Ihre Haare wachsen, sind dicker und stärker. Wanda M. aus Australien erzählt, dass jemand in ihrem Umfeld zu ihr sagte, dass sie richtig strahlend aussehe. Elizabeth D. aus Australien berichtet, dass ihre Haut strahlt und ihr Friseur überrascht war, wie viele neue Haare sie bekommen hat.

Augen

Bei einer Anwenderin hatte sich die Sehfähigkeit um eine ganze Dioptrin verbessert. Eine weitere Konsumentin berichtet über eine verbesserte Sehkraft. In einem anderen Fall konnte eine beginnende Makuladegeneration nahezu behoben werden. Eine Anwenderin litt unter einer Entzündung der Augenpartie. Sie konnte eine kurzfristige Abheilung beobachten. Ein Mann hatte nach einer Operation wegen Grünem Star noch eine Brille nötig. Nach nur drei Tagen Einnahme berichtet er, dass es sich anfühlte, als sei ein Fremdkörper im Auge verschwunden. Nach zwei Wochen brauchte er keine Brille zum Lesen mehr. Steve P. aus den USA war beim Augenarzt, um seine Sehstärke messen zu lassen. Diese hatte sich verbessert, und seine Ärztin konnte dies kaum fassen. Vicky M. aus den USA hat festgestellt, dass sie wieder besser sehen kann und mehr Energie hat. Jack B. aus den USA konnte im Jahr 2005 immer schlechter sehen. Seit 2013 nimmt er das natürliche Präparat. Er ist wieder selbständig, geht einkaufen, kann kochen und saubermachen. Dave Guevarra S. von den Philippinen schreibt, dass der Wachstumsfaktor aus dem Hühnerei ihm bei verschiedenen Hautirritationen genauso half wie zur Verbesserung seiner Sehkraft.

Blutdruck

Sehr viele Anwender berichten, dass ihr zu hoher Blutdruck sich normalisiert hat. Ein hoher Blutdruck ist ein Risikofaktor für Herz-Kreislauferkrankungen, der Haupttodesursache in Industrienationen. Ein Anwender berichtet, dass seine Cholesterinwerte und sein Blutdruck sanken, parallel ging die Schwellung in den Beinen zurück. Ein Mann berichtet, dass sein Blutdruck sich völlig normalisierte und sich auch seine Cholesterinwerte normalisiert haben. Elizabeth D. aus Australien berichtet über ihren 66jährigen Schwiegervater. Nach nur dreieinhalb Monaten der Einnahme von vier Kapseln täglich waren die Ergebnisse phantastisch. Sein Blutdruck war gesunken, ebenso wie seine Cholesterinwerte.

Borreliose

Symptome, die seit einem Zeckenbiss vor mehreren Jahren entstanden, wie Erschöpfung, Hashimoto (Autoimmunerkrankung der Schilddrüse), eine Nebennierenerschöpfung und ständigen Schmerzen besserten sich bereits nach zwei Tagen Einnahme.

Diabetes Typ II

Ein Mann mit Diabetes vom Typ II hatte unter einem Blutzuckerspiegel mit hohen Ausschlägen zu leiden und war insulinpflichtig. Er hatte offene Wunden am Bein, die sich nicht mehr schließen wollten. Die Gefahr einer Beinamputation stand im Raum. Die Wunde ist mittlerweile geschlossen. Er braucht ein Drittel weniger Insulin, und der Blutzuckerspiegel ist ausgeglichener.

Energie

Anwender berichten, dass sie viel mehr Energie und Tatkraft haben. Eine achtzigjährige Frau erfuhr eine enorme Energiesteigerung. Sie fühlt sich viel vitaler und kann wieder selbständig aufstehen. Ellen H. aus USA hat nach nur einer Woche Einnahme mehr Energie beim Aufstehen und auch über den ganzen Tag verteilt. Sie war früher in der Regel den ganzen Tag über sehr müde. Jetzt aber hat sie mehr Gedankenklarheit und Fokus. Mark S. aus den USA hat einen Nachbarn, der über Energiemangel klagte. Jetzt sitzt er nicht mehr fast den ganzen Tag auf der Couch, sondern spielt Golf und handwerkelt den ganzen Tag an seinem Haus herum und am Haus seiner Tochter. Er hat sich lange nicht mehr so gut gefühlt. Der Mann ist 76 Jahre alt. Karen S. aus Australien erlebt dank FGF2 schon morgens viel mehr Energie. Sie wachte am nächsten Morgen richtig glückselig auf. Sie ist sich bewusst, dass ihr Körper FGF2 braucht, damit ihr Gehirn besser arbeiten kann. Barbara F. aus den USA erfuhr während des Tages bis zur Schlafenszeit mehr Energie.

Epilepsie

Ich wusste nicht, dass auch Kleinkinder Schlaganfälle bekommen können. Ein Kleinkind aber hatte einen solchen bekommen. Die Epilepsie-Anfälle, die es aufgrund dessen bekam, verbesserten sich deutlich. Bei Kleinkindern kann man die Kapseln aufmachen und das Pulver in Getränke einrühren.

Gewicht

Ein Anwender hat in kurzer Zeit ohne Ernährungsumstellung 8 Kilo abgenommen. Ein anderer Konsument berichtet, dass er seine Schokoladensucht überwunden hat und sich damit Gewicht und Stuhlgang normalisiert haben. Bei einer hohen Dosierung konnte jemand 17 Kilo Übergewicht verlieren. Eine Frau hat in 6 Wochen noch einmal 6 Kilo abgenommen, ohne etwas an der Ernährung geändert zu haben. Galina L. aus USA schreibt, sie habe fünf Pfund verloren. Ihre Lebensqualität hat sich sehr gesteigert. (siehe auch das Extra-Kapitel in diesem Buch, warum FGF2 so effektiv beim erfolgreichen Gewichtsmanagement ist).

Haut

Eine Anwenderin hatte eine hartnäckige Knötchenflechte, die sie vorher mit Cortison acht Jahre lang ohne großen Erfolg behandelt hatte. Nach nur vier Wochen Einnahme war die Flechte völlig verschwunden. Eine weitere Konsumentin berichtet, ein Hautausschlag am Kopf sei verheilt. Ein Mann schreibt, seine Psoriasis sei geheilt. Eine Frau berichtet begeistert, dass ihre Akne völlig verschwunden ist. Bei einer weiteren Anwenderin war die Schuppenflechte am Haaransatz völlig verschwunden.

Herz (s.a. Blutdruck)

Eine Anwenderin aus den USA nahm FGF2 aus dem Hühnerei seit vier Wochen. Sie ließ ihr Herz-Kreislauf-System überprüfen. Alle Ergebnisse waren sehr positiv. Das biologische Alter ihrer Adern war auf das einer 48jährigen zurückgegangen. Sie ist schon 64 Jahre alt.

Immunsystem

Viele Anwender berichten, dass sie sich dank FGF2 vor Infektionskrankheiten effektiv schützen. Eine Frau aus den USA berichtet, dass sie sich seit der Einnahme nicht mehr erkältet hat. Das bedeutet für sie, dass ihr Immunsystem fitter geworden ist. Sie hat keine diesbezüglichen Beschwerden mehr und fühlt sich insgesamt besser.

Konzentration

Lacie M. aus den USA berichtet, dass sie sich viel besser konzentrieren kann, seit sie FGF2 und Omega-3-Fettsäuren nimmt. Außerdem hat sie viel mehr Energie. Timur S. aus den USA berichtet davon, dass sein Vater seine Kreislaufprobleme in den Griff bekam und seine Ausdauer sich verbesserte. Seine Kinder behalten besser, was sie in der Schule vermittelt bekommen haben.

Kraft und Ausdauer

Ein Anwender berichtet von Kraftzuwachs ohne Training um 20 bis 30 Prozent. Ein anderer erzählt davon, dass er einen Burnout überwunden hat, sich besser konzentrieren kann, viel effizienter arbeitet und keine Erschöpfung mehr kennt, seitdem er FGF2 nimmt. Eine Anwenderin berichtet davon, dass sie ausgeglichen und voller Energie ist. Edwin T. aus den Philippinen hat erlebt, stärkere Muskeln zu bekommen, ohne sein Training zu intensivieren. Er hat mehr Energie, fühlt sich wohl und bewältigt seine täglichen Aufgaben bestens.

Krebs

Warum kann ein Nahrungsergänzungsmittel auch bei Krebs helfen? Ich bin der Überzeugung, dass durch die Anregung der Stammzellenbildung neue Stammzellen genau in die Organe ausschwärmen, in denen eine Krankheit entstanden ist, um die betroffenen Zellen zu reparieren. Wenn ich Krebs hätte –was ich dank FGF2 vielleicht nicht zu befürchten brauche!– , würde ich hochdosiert diesen ganz speziellen Wachstumsfaktor einnehmen. Der Blasenkrebs bei einem älteren Mann war „verschwunden". Ein Patient mit austherapiertem Nierenkrebs nahm FGF2. Die Blutwerte normalisierten sich völlig, die Ärzte standen vor einem Rätsel. Eine Patientin mit einem Krebs, der bereits Metastasen gebildet hatte, hatte bereits zwei Chemotherapien hinter sich. Nach FGF-Einnahme sowie Omega-3-Fettsäuren bekam sie sehr gute Blut- und Leberwerte. Mit Metadosen des Produktes mit dem Wachstumsfaktor und Omega-3-Fettsäuren konnte die Entwicklung von Knochenkrebs gestoppt werden und ein Gehirntumor entwickelte sich zurück. Bei einer Frau mit austherapiertem Gebärmutterkrebs und Metastasenbildung waren die Krebsmarker massiv zurückgegangen und die Tumore in der Wirbelsäule kleiner geworden oder sogar ganz verschwunden. Bei einer 75jährigen mit Leukämie hatten sich nach drei Wochen der Einnahme die Zahl der Blutplättchen verdoppelt, und die Zahl der weißen Blutkörperchen lag wieder im normalen Bereich. Bei einem Mann, der seit zwei Jahren unter Lymphknotenkrebs litt, verschwand dieser während dieses Zeitraums. Ein Kehlkopfkrebs, der nicht operiert werden konnte, wurde immer kleiner, und nach zwei Monaten war der Tumor verschwunden. Bei einem Mann mit Prostatakrebs, der aufgrund dessen einen massiven Harnverhalt hatte, verbesserten sich alle Blutwerte innerhalb eines Monats.

Multiple Sklerose MS

Die Ursache von MS besteht darin, dass sich die Myelinscheide der Nervenfasern auflöst. Die Ursache dafür ist nicht bekannt. Oft sitzen die Betroffenen am Ende ihrer Krankheit im Rollstuhl. Bei einer Frau mit MS bildeten sich die Symptome zu einem guten Teil zurück, und sie war wieder in der Lage, am gesellschaftlichen Leben teilzunehmen.

Parkinson

Morbus Parkinson ist eine chronische und unheilbare Erkrankung. Sie wird auch „Schüttelkrankheit" genannt. Der Hintergrund ist ein Dopaminmangel. Die Symptome verbesserten sich nach einer Woche Einnahme. Der Mann bekam mehr Appetit und war wieder in der Lage, im Gespräch logisch zu argumentieren.

Schlafprobleme

Schlafprobleme nehmen rasant zu. Schon sechs von sieben Arbeitnehmern sind mindestens ab und zu von Einschlaf- und Durchschlafproblemen geplagt. Menschen mit Schlafproblemen neigen wegen Schlafmangel zu Depressionen, Übergewicht und sie sind unfallgefährdet. Viele berichten, dass sie jetzt weniger Schlaf benötigen und trotzdem ausgeschlafen sind. Eine Frau schreibt, dass ihr Schlaf viel tiefer ist und sie stessresistenter geworden ist. Tatyana S. aus den USA berichtet über ihren Mann, dass er jetzt sehr gut schläft, und seine Laune sich sehr verbessert hat. Vicky M. aus den USA hatte seit Jahren Schlafprobleme. Seit sie FGF2 nimmt, hat sie den besten Schlaf seit vielen Jahren. Ra A. aus Australien berichtet, dass er dank FGF2 tief und fest schläft und erfrischt aufwacht. Nachdem er es nur drei Tage genommen hatte, erlebte er ein Glücksgefühl wie nie zuvor. Laurene B., auch aus Australien, berichtet ebenfalls von wesentlich besserem Schlaf. Paulus S. aus Indonesien kann ähnliches erzählen. Er litt unter Schlaflosigkeit und anderen Beschwerden, aber jetzt sind diese alle Vergangenheit. Nina A. aus den USA berichtet, dass sie sich mit FGF2 und Omega-3-Fettsäuren gewandelt habe vom Nicht-Schlafen-Können und wenig Selbstbewusstsein zum Vollbesitz von Energie und Produktivität. Rashid T. aus den USA war Athlet und Soldat. Er berichtet, dass sich nach einem Monat Einnahme sein Schlaf wesentlich verbessert hat. Damian R. aus den Vereinigten Staaten schreibt von friedvollerem Schlaf und mehr Kraft und Ausdauer. Barbara F. aus den USA litt jahrelang unter Schlaflosigkeit. FGF2 verhalf ihr zu gesünderem und längerem Schlaf. Carol M. aus den USA hatte das Problem, nicht wieder einschlafen zu können, wenn sie in der Nacht einmal wach wurde. Sehr oft brauchte ich zwei Stunden, um wieder einzuschlafen. Nach FGF2 bemerkte sie, dass sich ihr Geist beruhigt und sie sofort wieder einschlafen kann.

Stimmung

Viele Anwender berichten begeistert darüber, dass sie fröhlicher werden und keine Stimmungsschwankungen mehr erleben. Jennie H. aus den USA konnte bedeutende Verbesserungen auf der Ebene der Gedanken und Gefühle wahrnehmen. Sie hatte monatlich Stimmungsschwankungen, aber das gehört jetzt der Vergangenheit an. Sie fühlt, dass sich ihr Leben normalisiert. Zwei Kapseln am Tag, und sie fühlt sich großartig. Elizabeth D. aus Australien berichtet, wie glücklich und dankbar sie jetzt ist. Sie hat mehr Energie, ist ruhiger, glücklicher und habe ihr Leben zurück.

Stress

Viele Anwender von FGF2 berichten, dass sie mit Stress viel besser klar kommen als früher. Olga S. aus den USA erzählt, dass sich dank FGF2 ihre Stärke und Ausdauer und ihr Umgang mit Stress verbessert haben. In einem Extra-Kapitel werden Ihnen Studien vorgestellt, wonach FGF2 das Niveau der Stresshormone  signifikant senkt. Wir erleben dadurch mehr heitere Gelassenheit. Cecilia T. aus den USA berichtet, dass sie und ihr Mann gut schlafen und sich stressfrei fühlen. Sie sind einfach viel glücklicher und fühlen sich einfach wohl. Oft sind negative Gedanken Ursachen von Stress. Rick G. aus den USA beschreibt seine Erfahrungen mit FGF2 als „gehirnverändernd", weil es sich nicht nur verändert hat, wie er sich fühlt, sondern auch, wie er denkt.

Verdauungsprobleme

Ein Kind war mit einem offenen Bauch geboren worden. Aufgrund dessen vertrug es die Nahrung schlecht, hatte Verdauungsprobleme mit dünnem Stuhl und Windeldermatitis. Heute ist das Kind gesund und entwickelt sich normal. Ein Mann berichtet, dass seine Hämorrhoiden nach nur zwei Monaten verschwunden waren, und damit auch seine schmerzhaften Darmprobleme. Bei einem schweren Fall von Morbus Crohn mit blutigem Durchfall, starken Schmerzen und Therapie mit Cortison gingen dank FGF2 und Omega-3-Fettsäuren alle Symptome zurück, und die Cortisongabe konnte wesentlich reduziert werden. Dessy H. aus Indonesien berichtet, dass sie selbst, Freunde und Familienangehörige Verbesserungen im Hautbild, beim Schlaf, der Verdauung und des Energieniveaus beobachten konnten.

Wechseljahrsbeschwerden

Viele Frauen berichten, dass ihre Wechseljahrsbeschwerden verschwunden sind oder sich wesentlich verbessert haben. Eine Frau sieht ihre Wechseljahrsbeschwerden als wesentlich gelindert. Eine weitere spricht davon, dass sie jetzt keine Hitzewallungen mehr hat. Elizabeth D. aus Australien erzählt, dass bei ihr schon mit 44 Jahren die Wechseljahre einsetzten. Nachdem sie für zwei Monate FGF2 genommen hatte, bemerkte sie, dass sie nicht mehr schweißgebadet mitten in der Nacht aufwachte. Sie schläft jetzt durch und hat eine gute Schlafqualität. Sie erlebt keine Stimmungsschwankungen mehr, ist glücklicher, und ihre Libido ist wieder da.

Wundheilungen

Viele Anwender berichten über eine schnelle Genesung nach Sportverletzungen. Eine Armverletzung nach einem Skiunfall verbesserte sich erheblich, was Schmerzen und Bewegungsradius betrifft.

Erfahrungen mit dem Extrakt aus dem Hühnerei

Meine eigenen Erfahrungen sind sehr positiv. Ich fühle mich (noch) kraftvoller, ich spüre unmittelbar eine stimmungsaufhellende Wirkung, und ich stehe noch mehr über den Dingen: Stress kann mir nichts mehr anhaben. Es ist ein wundervolles Gefühl der Geborgenheit, was ich damit erlebe, so, als wäre ich von einer wohlwollenden, unterstützenden Kraft getragen und in ihr geborgen. Vielleicht liegt das daran, dass der Extrakt das gewisse „I-Tüpfelchen" darstellt, das gewisse Etwas, das mein Körper für seine optimalen Funktionen braucht, aber bisher noch nicht bekommen hat.

Thomas Staudacher ist Heilpraktiker in Geebung, Queensland, Australien. „Ich habe in meiner 15-jährigen Arbeit in meiner Heilpraxis noch nie ein Produkt erlebt, das für meine Patienten so nützlich ist. In meiner Klinik habe ich erstaunliche Resultate bei Menschen, die von **Krebs** genesen sind, von autoimmunen Erkrankungen oder Ängsten und vielem mehr. Es hilft nicht nur den Körper zu regenerieren, sondern auch, mental viel klarer zu werden und ganz anders mit Stress umgehen zu können.
Menschen mit Eisenmangel bekamen wieder normale Blutwerte. Ich sehe es so: Es verhilft einem dazu, die eigenen, inneren Heilungsmechanismen zu erwecken. Die Resultate sind alsbald zu sehen."

Evelyne Paternak aus Kaarst, 68 Jahre alt, schreibt von ihrer starken **Arthrose** in beiden Daumen, die starke Schmerzen verursachten. „Nach 6 Monaten FGF2 und Omega-3-Fettsäuren bin ich zu 95% schmerzfrei und glaube sogar, dass neuer Knorpel sich in meinen Gelenken bildet. Ich kann inzwischen die Hände ohne Schmerzen wieder normal spreizen, ich habe wieder mehr

Kraft, kann wieder eine Flasche aufdrehen usw. Es ist phänomenal und unglaublich, aber wahr!". Millionen Deutsche leiden an Arthrose. Der Arzt wollte Frau Paternak schon ein radioaktives Medikament in die Gelenke reinspritzen, was sie aber ablehnte. Schon nach wenigen Tagen der Einnahme gingen die Schmerzen zurück. Sie bemerkt noch weitere Verbesserungen: „Ich fühle mich einfach viel besser, mein Schlaf ist viel erholsamer, ich bin ausgeglichener."

Klaus berichtet „Ich hatte schon 1 ½ Jahre lang einen etwa sieben Zentimeter langen **Bluterguss**. In der zweiten Woche der Einnahme hat er sich auf 2 Zentimeter reduziert!"

Angelika Härlin aus Wiernsheim litt unter Fybromyalgie. Das ist eine Krankheit, die mit fast unerträglichen Schmerzen vor allem in den Muskeln verbunden ist. Schmerzmittel brachten keine Linderung, sondern belasteten den Magen und sie war geistig nicht mehr fit. „Dann habe ich den Extrakt aus dem Hühnerei ausprobiert, hochdosiert, fünf Kapseln morgens und fünf Kapseln abends. Die **Schmerzen** nahmen nach den ersten fünf Tagen deutlich ab. Heute nehme ich zwei Kapseln morgens und zwei nachmittags. Damit habe ich die Fibromyalgie im Griff. Ich kann wieder klar denken und endlich wieder anfangen, mein Leben zu leben."

Marisa Pedersen aus Ingolstadt kann ein besonders berührendes Beispiel erzählen. „Mein Sohn wurde mit einem **offenen Bauch** – Gastroschisis – geboren, und sein Dünndarm war vom Dickdarm getrennt. Nach fünf Operationen und acht Monaten Klinik erfuhr ich von einem Bekannten von FGF2. Bis dahin hatte er stets einen enormen Blähbauch, und sein Stuhl war immer so dünnflüssig und hochgradig ätzend, dass der Kleine oft rohes Fleisch im Windelbereich hatte, wo keine Creme mehr helfen konnte. Auch hat er zuvor oft die Nahrung verweigert. Sofort habe ich begonnen, ihm täglich eine Kapsel in sein Ziegenmilchpulver zu mischen. Schon nach ein paar Tagen der Einnahme konnte man beobachten, dass sein Bauch weniger gebläht war und der Kleine auf einmal Lust am Essen fand. Nach etwa zwei Wochen bekam sein Stuhl mehr Konsistenz, und auch die Haut im Windelbereich erholte sich langsam wieder. Die Blutkontrollen zeigten, dass er zunehmend Vitamine wie D und B12 aus der Nahrung aufnehmen konnte. Jetzt ist mein Sohn zwanzig Monate alt, und wir geben ihm nach wie vor täglich eine Kapsel, auf zwei Portionen verteilt. Dem Kleinen geht es heute besser, als wir und die Ärzte vor einem Jahr jemals für möglich gehalten haben. Er ist ein absolut aufgewecktes, lebenslustiges Kerlchen. Auch ich nehme von Anfang an FGF2. Ich konnte sehr intensiv wahrnehmen, wie sich mein Körper wieder stärken und mein Gemüt wieder sonniger werden konnte. Meine ganze Familie profitiert nun schon davon, wie mein Vater, der sein jahrelanges Augenleiden in den Griff bekam, und meine Mutter, die ihre beginnende Gicht damit heilen konnte."

Michael Hardt, ein deutscher Auswanderer, schreibt: „2010 war ich in Deutschland austherapiert mit **chronischer rheumatoider Arthritis** und **chronischen Rückenschmerzen**, welche beide etwa ein Jahr vorher diagnostiziert wurde. Den Rat der Ärzte, an einer neuen Versuchsreiche mit „tollen" chemischen Produkten teilzunehmen, lehnte ich dankend ab und hielt mich, soweit es ging, mit den verschiedensten Schmerzmitteln über Wasser. Ich lernte dann auf der Insel Cebu auf den Philippinen FGF2 kennen und mittlerweile lieben. Nach nur dreiwöchiger Einnahme bin ich seit dem Zeitpunkt absolut beschwerdefrei. Einfach unglaublich."

Frank Lilienbecker aus Nordkirchen berichtet über seine Erfahrung bei **Diabetes II**, dem erworbenen Diabetes. Er schreibt: „Ich bin seit acht Jahren Typ II Diabetiker und treibe viel Sport, um die Werte zu regulieren. Bereits am zweiten Tag nach der Einnahme vom Hühnerei-Extrakt habe ich bemerkt, dass meine Beine warm wurden und ich entspannter wurde und ich besser mit stressigen Situationen umgehen konnte. Meine Fingernägel wurden härter, und meine **Neurodermitis** im Gesicht und hinter den Ohren verschwand. Selbst meine Füße, die mir morgens nach dem Aufstehen immer wehtaten, waren „wie neu". Ich nehme FGF2 jetzt seit elf Wochen, und mir geht es richtig gut. Meine Blutwerte haben sich verbessert, mein Diabetes ist verschwunden, alle Organe haben sich erholt, und wenn ich Sport mache, habe ich mehr Ausdauer und werde nicht mehr so schnell müde. Selbst meine Falten im Gesicht verringern sich."

Iris Gebhardt ist Europameisterin in Karate von 2014 und mehrfache deutsche Meisterin in dieser Disziplin. Sie schreibt über ihre Erfahrungen mit FGF2: „Ich war oft einfach an meine Grenzen gestoßen als Inhaberin einer Kampfkunstschule und Trainerin im Kinder- und Jugendbereich. **Die Energie war alle,** abends lag ich platt auf der Couch und hatte keinen Nerv mehr für meine eigenen Kinder, und die Regenerationsphasen nach dem Training wurden immer länger – eine Leistungssteigerung war fast unmöglich. Als ich dann anfing, den Extrakt aus dem Hühnerei zu nehmen, hat sich fast alles schlagartig verbessert. Ich habe viel mehr Energie, bin innerlich meistens sehr ausgeglichen und kann deutlich besser trainieren. Der Körper fühlt sich irgendwie „jünger" an. Und wenn der lange Arbeitstag dann zu Ende ist, habe ich sogar noch Lust und Energie, mit meinen Lieben etwas zu unternehmen. Es ist einfach ein ganz anderes Lebensgefühl. Vielleicht kann ich meinen Sieg bei den Europameisterschaften dank FGF2 wiederholen?"

Ralph Schulze aus Sarstedt ist 64 Jahre alt und Heiler. Er schreibt: „Ich habe eine angeborene Fehlstellung der Hüftgelenke. Dadurch ist meine linke Hüfte zerschlissen. Ein Orthopäde hat das Gelenk geröntgt. Auf der Aufnahme ist ein, wie er sagte, typischer Pilzkopf zu sehen. Die Gelenkkugel ist nicht mehr rund. Er empfahl mir Schmerzmittel, um eine Hüftgelenk-Operation noch etwas aufzuschieben. Ich hatte aber nur Schmerzen, wenn ich auf der linken Seite gelegen hatte. Gesundheitlich bin ich sonst fit, habe sonst nur Probleme mit dem Reflux gehabt. Nach der Einnahme von FGF2 sind nach wenigen Tagen die Schmerzen an der Hüfte verschwunden. Ich kann wieder auf der linken Seite schlafen. Ich spiele ein Mal pro Woche Fußball in einer Hobbymannschaft, in der überwiegend jüngere Spieler mitspielen. Seit der Einnahme von FGF2 kann ich in die Zweikämpfe gehen und besser laufen. Sonst habe ich viel gestanden und den Ball möglichst sofort zugespielt. Ich fühle mich im Spiel, als wäre ich 20 Jahre jünger. Auch die Regeneration nach dem Fußball geht schneller, und ich habe nach dem Spiel nicht wie sonst stundenlang Schmerzen. Ich bin nach Monaten auch wieder zum Karate-Training gewesen und konnte gut mithalten. Wegen meiner Senkspreizfüße haben mir immer beim Training die Füße extrem wehgetan. Das war jetzt nicht mehr der Fall. Der Reflux tritt jetzt auch kaum noch auf. Vor der Einnahme von FGF2 hätte ich gesagt, dass ich es nicht brauche, jetzt möchte ich es nicht mehr missen.“

Elke Marold, 55 aus Sarstedt, litt an vielerlei Beschwerden. Sie schreibt: „Ich habe als Säugling in einem Krankenhaus eine Breitband-Antibiotika-Behandlung bekommen. Seither bin ich immer wieder schwer krank gewesen. Ich hatte mehrmals eine schwere Bauchspeicheldrüsenentzündung, mehrmals eine chronische Bronchitis und Lungenentzündungen. Vor allem habe ich seitdem sehr unter Asthma und schwerster Neurodermitis gelitten. Seit mehr als elf Jahren habe ich Brustkrebs zweiten Grades, der schulmedizinisch nicht behandelt wurde. Hinzu kommt eine Endometriose dritten Grades. Ich wurde unter Kontrolle meines Gynäkologen durch einen Heiler mit Handauflegen behandelt. Bis vor drei Jahren war der Tumor noch kaum erkennbar. Ich habe dann die Delphin-Schlachtungen in Taiji, Japan, live im Internet gesehen. Da ich sehr tierlieb bin, war dieser Stress vielleicht die Ursache dafür, dass der Tumor plötzlich bis zu zwölf Zentimeter wuchs. Ich habe dann verschiedene Heilverfahren durchgeführt wie Infusionen mit Artemisia annua, hochdosiertem Vitamin C und Hyperthermie, Überwärmung. Das war alles nicht von Erfolg gekrönt.

Der Tumor hat mich nicht weiter gestört, vielmehr habe ich in der Hitze der letzten Wochen sehr unter Asthma gelitten, konnte wegen Atemnot so gut wie gar nicht schlafen. Schon nach einmaliger Einnahme von FGF2 hatte ich kein Asthma mehr. Ich nehme es jetzt regelmäßig. Ein weiterer Effekt ist, dass ich jetzt nach dem Duschen keine Kreislaufprobleme mehr habe. Ich hatte immer zu niedrigen Blutdruck, und seit der Krebserkrankung wurde mir nach dem Duschen immer schwarz vor Augen. Der Tumor wird fühlbar kleiner und ist nur noch so groß wie ein Tischtennisball. Auch meine Haut wird besser, nachdem ich an den Händen eine Erstverschlimmerung hatte. Auf jeden Fall kann ich sagen, dass ich mich jetzt wieder gut fühle – dankbar und wie neugeboren."

Newen Caberica ist 49 Jahre alt und lebt in Berlin. Trotz einer Tierhaarallergie seit seinem 11. Lebensjahr und der damit verbundenen Atemnot beim Kontakt mit dem Allergen hat er den innigen Wunsch seiner Kinder erfüllt, einen Familienhund bei sich aufzunehmen. Durch die Allergie bekam er jedoch heftige Beschwerden, und es wurde eine Lungenentzündung in fortgeschrittenem Stadium festgestellt. Der behandelnde Arzt wollte ihn sofort ins Krankenhaus einweisen. Doch er entschied sich völlig anders. Der Hund kam zunächst bei Verwandten unter. Er selbst begann die hochdosierte Kur mit FGF2. Innerhalb von nur einer Woche ging das Niveau seines Wohlbefindens steil nach oben, und nach einer Woche ging er bereits wieder zum Krafttraining. Nach sechs Wochen kam der Hund zurück zur Familie. Dies verursachte einen Rückfall, allerdings nicht mehr so stark wie in der Zeit, als der Familienvater kein FGF2 genommen hatte. Er nahm nun FGF2 alle zwei Stunden, zuvor hatte er es nur zwei bis drei Mal täglich genommen. Durch diese Veränderung der Dosierung zeigt er nun keine Allergiesymptome mehr, und sein Energielevel ist kontinuierlich ganz oben. Der Hund wird nun zur Freude der Kinder in der Familie bleiben können.

WingChun Großmeister Klaus Brand aus Berlin freut sich über Muskelzuwachs. Er schreibt: „Seit drei Monaten nehme ich täglich morgens und abends je zwei Mal FGF2 ein. Meine gesamte Muskulatur hat sich in dieser Zeit optisch und funktionell vehement verbessert. Eine Verjüngung und gleichzeitig die Zunahme der Muskelasse sind sichtbar und fühlbar, und das nach dieser kurzen Zeit. Ich bin 55 Jahre alt und trainiere regelmäßig. Ich werde das Produkt definitiv nicht mehr absetzen."

Gerd Scheer aus Jüterbog berichtet begeistert: „Zwischen 2012 und 2014 habe ich sehr viele mir nahe stehende Menschen verloren. Belastend kam auch noch hinzu, dass ich durch widrige Umstände mein liebevoll modernisiertes Haus innerhalb von einer knappen Woche zum Schutz meiner Familie verlassen musste… Ende 2014 bekam ich eine Empfehlung von einer Heilpraktikerin. Nach ihrer Information sollte es sich bei dem Extrakt aus dem Hühnerei, das FGF2 enthält, um einen natürlichen und sehr starken **Stresskiller** handeln. Ich nutze seit 2007 verschiedene Adaptogene, doch was wir mit FGF2 seit Anfang 2015 erleben, ist in Worten schwer zu erklären. Das FGF2-Produkt ist absolut das stärkste Adaptogen, das ich kenne. Meine Stimmungslage verbesserte sich gleich ab dem ersten Tag. Ich wurde von Tag zu Tag immer stabiler, und es entwickelte sich in mir ein starkes Urvertrauen. Ab der dritten Woche habe ich immer wieder erlebt, dass mich Bekannte ganz überrascht anschauten und gefragt haben, was ich denn verändert habe, denn ich sähe jetzt so jung und „leuchtend" aus. Am Anfang war ich darüber irritiert, doch dann habe ich es auch selbst im Spiegel gesehen. Dieses Produkt passt genau in unsere Zeit, und ich liebe es. Es macht einfach glücklich."

Angela berichtet: „Ich habe viel, viel mehr Energie. Als ich das erste Mal FGF2 nahm, hat es in meinem ganzen Körper gekribbelt. Ich fühle mich **ausgeglichener** und eher **den Dingen gewachsen**." Christine Hamann berichtet: „Mehrere Leute können dank FGF2 wieder Auto fahren. Ich hatte früher beim Autofahren im Dunkeln einen erhöhten Puls. Ich bin jetzt ganz ruhig. Der Stresslevel geht runter. Mein Mann ist früher immer an die Decke gegangen. Jetzt ist er der liebste Mann der Welt."

Pascale erzählt: „Ich habe jemandem mit MS (Multiple Sklerose) das Produkt empfohlen. Das erste Mal seit etwa zehn Jahren hat der Freund **durchgeschlafen!**" Er selbst hatte eine Kiefer-OP. „Ich habe danach jede Stunde Kapseln genommen und war tags darauf fit für ein Seminar."

Eine Bekannte, Marianne De Clercq aus Brüssel, schreibt: „Ich verstehe, was der Wachstumsfaktor FGF2 im Hühnerei-Extrakt für mich tut: es bringt mich zurück zu der Marianne, die ich sein sollte, als ich geboren wurde… für mich wirkt es daher genauso wie Reiki, und für mich sind das zwei **Wunder auf Erden**. Danke für Reiki und FGF2… die beiden werden die Menschheit bald zu ihrem Besten verändern." Als ich das las, kamen mir die Tränen. Marianne merkt: sie lacht viel mehr, hat mehr Humor, gibt freigebig Komplimente, ihre Intuition ist zurück. Eine 94jährige sehr intuitive Bekannte gab ihr folgendes Feedback: „Deine Gesundheit ist besser denn je, etwas beschützt Dich, Du hast den großen Berg überwunden, es geht jetzt nur noch aufwärts für Dich." Marianne noch einmal: „Seit ich klein war, wusste ich, ich könne kleine Wunder bewirken. Ich danke FGF2 dafür, dass es mir **mein Leben zurückgebracht** hat, und Dir, Barbara, weil Du mir dieses Wundermittel nahegebracht hast."

Das Phänomen „**seelische Harmonisierung**" durch FGF2 ist erklärlich. Dieser Wachstumsfaktor balanciert die Neurotransmitter und reduziert das Stresshormon Cortisol. Die Botenstoffe Serotonin, Gaba, Dopamin und Acetylcholin werden ins

Gleichgewicht gebracht. Der höhere Serotoninspiegel hebt die Stimmung. Mehr Gaba reduziert Ängste und macht mehr Mut. Dopamin reduziert den Heißhunger und gibt dem Gehirn mehr Energie. Acetylcholin steigert die Denkgeschwindigkeit und fördert die geistige Klarheit. Offenbar reprogrammiert der Wachstumsfaktor die Zellen, damit sie Stress besser verkraften können.

Tiere

Es gibt hier unglaubliche Ergebnisse, und bei Tieren gibt es keinen Placebo-Effekt. Sterbenskranke Katzen sind wieder aktiv geworden voller Lebensmut. Sogar Tumore gingen zurück. FGF2 optimiert auch bei Tieren körperliche Funktionen und stimuliert die Selbstheilungskräfte.

Auch bei Hunden hilft FGF2. Peggy Jabs aus Sankt Augustin schreibt begeistert: „Im August 2018 erzählte mir eine Bekannte von FGF2, und dass es uneingeschränkt für Mensch und Tier geeignet ist. Das machte mich neugierig, da es meinem Hund, der zu diesem Zeitpunkt schon 15 Jahre alt war, nicht mehr so gut ging. Er schlief fast nur noch, oder war unruhig, wenn er wach war. Das Aufstehen fiel ihm zusehends schwerer. Gassi gehen wurde zur Tortur. Auch die Augen wurden immer trüber. Kurzum, sein Allgemeinzustand war nicht mehr der Beste. Auch die Tierärztin sagt, dass wir uns darauf einstellen sollten, dass er Weihnachten vielleicht nicht mehr erleben wird. Das war für mich der Moment, in dem ich mich entschloss, meinem Hund FGF2 zu geben. Schon nach drei Tagen merkte ich, dass seine Unruhe nachließ und er nicht mehr so viel schlief. Auch längere Spaziergänge waren wieder möglich. Inzwischen ist ein Jahr vergangen, und Monty geht es seinem Alter entsprechend gut. Die Augentrübung ist stark zurückgegangen, und auch das spontane Aufstehen klappt ohne Probleme. Sein Fell ist glänzender geworden, und auch der Haarausfall ist gestoppt. Rückblickend war es eine sehr gute Entscheidung, mit FGF2 Montys Selbsthilfekräfte zu aktivieren.“ Bei Tieren fällt der Placeboeffekt flach. Entweder es passiert etwas, oder nicht.

Dr. Dorothee Radtke, Ärztin aus Butjadingen, hat ihren Kater Isidor mit dem Extrakt aus dem Hühnerei behandelt. Der Kater litt unter Zahnfleischentzündung und Diabetes. Sie schreibt: „Unserem Kater geht es viel besser. Er hat abgenommen, ist viel aktiver, spielt wieder – was er jahrelang nicht mehr gemacht hat – und auch sein Fell sieht wieder glänzender aus. Futterumstellung, Reiki und FGF2 haben toll geholfen. Ich bin sehr glücklich und dankbar. Das Zahnfleisch und die Zähne sind o.k. Wir haben den Zucker nicht noch einmal kontrolliert, weil es keine therapeutische Konsequenz hätte. Insofern haben wir keine Laborbestätigung. Klinisch geht es ihm sehr gut, besser als seit Jahren. Unseren Hunden geht es auch super, die Arthrose meiner einen Hündin spielt kaum noch eine Rolle, auch sie spielt vermehrt mit unserer Jüngsten.“

Die Autorin freut sich über weitere Erfahrungsberichte!

Ausblick

Die Herausforderungen unseres modernen Lebens sind immens. Die moderne Zivilisation „frisst ihre Kinder", wenn wir nicht ganz bewusst gegensteuern. Stress und vitalstoffarme Nahrung schwächen Immunsystem und Organismus. Seelische Erkrankungen wie Depressionen und Burnout sind auf dem Vormarsch. Viele werfen sich fragwürdige „Glücks-Pillen" wie Fluctin ein, oder nehmen Drogen wie Cannabis, um sich gut und glücklich zu fühlen. Aufgrund von Stress und vitalstoffarmer Kost nämlich kann der Körper immer weniger Glückshormone wie Serotonin und Dopamin in ausreichender Menge herstellen. Depressionen sind eine Serotonin-Mangelerkrankungen, bei Morbus Parkinson fehlt Dopamin, und Menschen mit ADS (Aufmerksamkeitsdefizit-Syndrom) fehlt sowohl Dopamin als auch Serotonin. Psychopharmaka und Drogen – auch Alkohol zählt dazu – sind natürlich keine Lösung, weil sie den Vitalstoffspeicher entleeren und das Problem immer noch schlimmer machen.

Mit dem Wachstumsfaktor aus dem befruchteten Hühnerei haben wir jetzt ein natürliches Nahrungsergänzungsmittel in der Hand, das Defizite ausgleicht, uns ins Gleichgewicht bringt und die körpereigene Stammzellenproduktion ankurbelt, so dass geschädigte Zellen repariert oder aus dem Verkehr gezogen und durch neue, gesunde ersetzt werden können.

Dieses Buch ist eine Momentaufnahme. Es haben gerade zahlreiche weitere wissenschaftliche Studien begonnen, deren Ergebnisse beim Abschluss dieses Buches noch nicht vorlagen. In weiteren Auflagen, die es hoffentlich zahlreich geben wird, wird dies nachgeholt. Auch die Erfahrungsberichte sprechen eine deutliche Sprache und spiegeln das breite Wirkspektrum wider. FGF2, eine andere Erklärung gibt es nicht, ist ein Adaptogen, das heißt ein seltener Stoff, der sämtliche körperlichen und seelisch-geistigen

Prozesse optimiert. Ich lade Sie ein, dieses Produkt auszuprobieren, und wenn es nur eine Dose für einen Monat ist. Ich bin mir sicher, dass Ihre Erfahrungen die Aussagen in diesem Buch bestätigen. Im eigenen Interesse werden Sie am Ball bleiben, und die morgendliche und abendliche Dosis wird Sie lebenslang begleiten wie Zähneputzen morgens und abends.

Auch wer nicht krank ist, profitiert von diesem Wachstumsfaktor. Man kann immer NOCH mehr Energie haben, sich NOCH besser fühlen, NOCH mehr vor Lebensfreude sprühen und so weiter. Das Tolle an diesem natürlichen Produkt, warum es JEDER braucht: Der darin enthaltene Wachstumsfaktor bremst Alterungsprozesse aus. Sie leben vermutlich nicht nur länger, sondern bleiben länger jung, aktiv und selbständig. Ihre Lebensqualität wächst. Sie schenken nicht nur Ihrem Leben mehr Jahre, sondern ihren Jahren mehr Leben! Treffen wir uns wieder im „Club der fitten Hundertjährigen"? Mit FGF2 schaffen Sie sich die besten Bedingungen dafür.

Gesundheit ist nicht alles, aber ohne Gesundheit ist alles nichts, sagte der weise Philosoph Arthur Schopenhauer. Es gibt noch weitere Möglichkeiten jenseits von FGF2, erfolgreiches Stressmanagement zu betreiben und sich auf Zellebene zu verjüngen. Fasten gehört dazu, Intervallfasten wie Dinner Cancelling, Ausdauersportarten wie Schwimmen und Laufen, Kraft- oder Gerätetraining und Meditationsarten wie Zen, Transzendentale Meditation oder das authentische Reiki. Die zuletzt genannte Methode unterrichte ich bundesweit und in Graz. Meditation lässt auch im Alter unseren Hippocampus wachsen, die Gehirn-Zentrale für Gefühlsverarbeitung, wie zahlreiche Studien belegen. Heitere Gelassenheit und innerer Frieden kommen in greifbare Nähe und werden mit der Zeit zur zweiten Natur.

Zur Bewältigung unseres Alltags brauchen wir mehr Energie. Aber auch, um einen Beitrag fürs Ganze zu leisten und der Welt etwas zu geben. Mit dem Extrakt aus dem Hühnerei kommen wir vom Mangel- ins Füllebewusstsein und werden zu dem Menschen, voller Klarheit und Kraft, so wie wir von der Schöpfungskraft gewollt sind. Wir leben in aufregenden Zeiten. Mit diesem speziellen Wachstumsfaktor bringen wir mehr Harmonie, Frieden und Freude in die Welt. Mahatma Gandhi sagte einmal: „Sei Du selbst die Veränderung, die Du Dir wünscht für Deine Welt." Mit dem einzigartigen Extrakt aus dem Hühnerei erfüllen wir dieses Postulat auf einfache und mühelose Weise und werden unserer Verantwortung in dieser besonderen Zeit gerecht. Damit wir die Welt zu einem besseren Ort machen und für uns, aber auch für unsere Kinder und Kindeskinder ein Leben voller Lebensqualität erschaffen.

Zur Autorin

Barbara Simonsohn, Jahrgang 1954, ist eine der bekanntesten Gesundheits-Autorinnen im deutschsprachigen Raum. Die Gesamtauflage ihrer mittlerweile 28 (Stand: Juli 2017) erschienen Bücher beträgt fast 500 000, hinzu kommen zahlreiche Übersetzungen in europäische Sprachen wie Englisch, Französisch, Spanisch oder Holländisch.

Mit 24 Jahren schloss Barbara Simonsohn ihr Studium der Sozialwissenschaften als Diplom-Politologin ab. Ihr Sohn wurde 1988, ihre Tochter 1994 geboren. 1981 lernte sie das authentische Reiki in der weltberühmten Findhorn-Gemeinschaft in Schottland kennen und ließ sich 1984 in der Schweiz und in den USA von Dr. Barbara Ray, einer direkten Schülerin von Hawayo Takata, in diesen uralten Einweihungsweg als Lehrerin ausbilden. Auch das authentische Reiki, was Barbara Simonsohn derzeit in Köln, Berlin, Hamburg, München und Graz unterrichtet, dient ähnlich wie der Extrakt aus dem Hühnerei zur Verjüngung, Persönlichkeitsentwicklung, Aktivierung der Selbstheilungskräfte, Burnout-Prophylaxe und als Bremse von Alterungsprozessen. Mit mehr als 10 000 Seminarabsolventen aller sieben Grade einschließlich der drei Lehrerstufen gehört sie zu den erfolgreichsten Reiki-Lehrern überhaupt.

Barbara Simonsohn gab kurz nach ihrem Studium die ersten Umwelt- und Gesundheitskurse an der Hamburger Volkshochschule. Sie wurde bereits mit 23 Jahren von der Mayr-Ärztin Dr. Renate Collier als Azidose-Seminarleiterin und Fastenbegleiterin ausgebildet und gibt seither Azidose-Massagekurse, Fasten- und Azidose-Kuren zur Entgiftung und Entsäuerung in Hamburg und München. Seit 1995 schreibt sie Gesundheits-Ratgeber zum Thema authentisches Reiki, gesunder Ernährung wie Superfoods (Hanf, Afa-Algen, Chia usw.) und Yoga. Fast alle ihre Bücher wurden Bestseller. Barbara Simonsohn schreibt Gesundheits-Artikel für mehr als 25 Zeitschriften, darunter auch Heilpraktiker- und Ärztezeitschriften. Ihre Homepage wird jährlich von mehr als 360 000 Besuchern besucht.

Das Angebot von Barbara Simonsohn zurzeit:
- Reikikurse alle Grade (1-7) in Hamburg, Berlin, München, Köln und Graz
- Reikilehrer-Ausbildungen alle drei Stufen
- Fünf „Tibeter"-Kurse und Trainer-Ausbildungen
- Seminare und Fortbildungen Azidose-Therapie nach Dr. Collier
- Fastenkuren und Azidose-Kuren, Azidose-Massagen und Begleitung als Fastencoach
- Reiki-Direktbehandlungen und Fernbehandlungen
- Reiki-Kinderkurse und Kindereinstimmungen
- Einstimmungen für Babys, Kleinkinder und Tiere

Sie können mit der Autorin **Kontakt** aufnehmen:
Barbara Simonsohn
Holbeinstr. 26, 22607 Hamburg
E-Mail: info@barbara-simonsohn.de
Tel. 040 - 89 53 38 / Fax 040 - 89 34 97
www.barbara-simonsohn.de

Die Autorin freut sich über Erfahrungsberichte für weitere Auflagen dieses Buches.

Bitte wenden Sie sich für nähere **Fragen** über den Extrakt aus dem Hühnerei, das FGF2 enthält, an denjenigen, von dem Sie dieses Buch bekommen haben.
Dies gilt auch für die **Bezugsmöglichkeit**.
Wenn Sie auf einem anderen Weg zu diesem Buch gekommen

sind, wenden Sie sich einfach an:
Gerd Scheer, scheer.gerd@gmail.com, Tel.: 033746 - 80 45 60
Mobile: 0152 - 241 49 378

Literaturliste

Biesalski, Hans Konrad, „Vitamine und Minerale. Indikation, Diagnostik, Therapie", Thieme 2016

derselbe, „Ernährungsmedizin", Thieme 1999

Boutenko, Vicotria, „Grüne Smoothies", Hans-Nietsch-Verlag 2015

Burgerstein, Lothar, „Handbuch Nährstoffe. Vorbeugen und heilen durch ausgewogene Ernährung", Karl F. Haug Verlag 2000

Eskeland, Bjödne, „Young Tissue Extract. Norway´s Anti-Aging Miracle", Health Point Press

Huber, Johannes, Buchacher, Robert, "Das Ende des Alterns. Bahnbrechende medizinische Möglichkeiten der Verjüngung. Stammzellentherapie, Organverjüngung", Ullstein, 2. Auflage 2012

Kasper, H., „Ernährungsmedizin und Diätetik", Urban und Fischer, München 2000

Opitz, Christian, „Befreite Ernährung. Wie der Körper uns zeigt, welche Nahrung er wirklich für Gesundheit und Wohlbefinden braucht", Hans-Nietsch-Verlag, Emmendingen, 2. Auflage 2010

Simonsohn, Barbara, „Reikischule für Einsteiger", Schirner 2017

Dieselbe, „Das authentische Reiki", BoD. 2017, www.bod.de

Dieselbe, „Fasten leicht gemacht. Verjüngen und entgiften zu Hause", Schirner 2017

Dieselbe, „Azidose-Therapie. Wie Sie Ihren Körper natürlich entsäuern", Schirner 2016

Dieselbe, „Die Fünf „Tibeter" kinderleicht", BoD 2017

Dieselbe, „Artemisia – Königin der Heilpflanzen", Jim Humble Verlag 2017

Dieselbe, „Chia-Power. Chiasamen zum Heilen und Genießen mit 111 Rezepten", Windpferd 2016

Studien zu FGF2 und weitere Themen, die im Buch angesprochen wurden

Fibroblasten Wachstumsfaktor-2

Joseph-Silverstein, Jacquelyn u.a., "Basic Fibroblast Growth Factor in the Chick Embryo: Immunolocalization to Striated Muscle Cells and Their Precursors", The Journal of Cell Biology, 188: 2459-2466

Seed, Jennifer u.a., "Fibroblast Growth Factor Levels in the Whole Embryo and Limb Bud during Chick Development upon Astroglial-Derived Fibroblast Growth Factor", Devolopmental Biology, 128: 50-57

Jin, Kunlin u.a., "FGF-2 Promotes Neurogenesis and Neuroprotection and Prolongs Survival in a Transgenic Mouse Model of Huntington`s disease", Vol. 102, Dez. 2005

Ornitz, David M. und Itoh, Nobuyuki Itoh, "Fibroblast growth factors", Genome Biology 2001 2:reviews3005.1

Gospodarowicz, D. u.a., "Clonal growth of bovine vascular endothelial cells: Fibroblast growth factor as a survival agent", Proc. Natl. Acad. Sci. USA, Vol. 73, No. 11, S. 4020-4124, November 1976

Bikfalvi, Andreas; Klein, Sharon, Pintucci, Giuseppe, Rifkin, Daniel B., "Biological Roles of Fibroblast Growth Factor-2", Endocr Rev (1997) 18 (1): 26-45 (sehr gute Übersicht über die Rolle von FGF2 auf Organe wie Augen, Haut, Nervensystem, Gehirn, Lunge, Verdauungssystem usw. Erhältlich über DOI: https://doi.org/10.1210/edrv.18.1.0292)

Haut

Quan, Taihao und He, Tianyuan u.a., "Solar Ultraviolet Irradiation reduces collagen in phot-aged human skin by blocking transforming growth factor-B Type II Receptor", The American

Journal of Pathology, Sept. 2004; 165 (3): 741-751

Herzgesundheit
Accord-Studie: Neue Erkenntnisse zur Herz-Kreislauf-Prävention (www.assmann-stiftung.de)
Frohn, Birgit, „Die weltbeste Herzgesundheit", Journal Herz-Kreislauf vom 26.3.2017 (über Kaplan H. et al., „Coronory atherosclerosis in indigenous South American Tsimane: a cross-sectional cohort study")
Henrich „Studien Herz-Kreislauf-Erkrankungen", www.provegan.info

Immunsystem
Biesalski, Hans-Konrad und Tinz, Jana, "Antioxidantienkombinationen zur Stärkung des Immunsystems", Pharmazeutische Zeitung online Ausgabe 39/2005
Lloyd, Kimberly Purdy, Sha Hitendra, Andujar Edward, Spalding J.B., "A Pilot Clinical Study showed consumption of Two Dietary Supplements for 12 Weeks Significantly Increased several Type of White Blood Cell Counts", "The Science of Personalized Nutrition", Nov. 2016, San Diego, CA, USA

Metabolisches Syndrom/ Blutzucker/ Diabetes
Biessels G. J., Kappelle U. u.a., „Increased risk of Alzheimer's disease in Type II diabetes: insulin resistance of the brain or insulin induced amyloid pathology?" Biochem. Soc. Trans. Nov; 33 (Pr 5): 1041-4
Ekblom-bak, Elin, Rosengren, Annika u.a., „Cardiorespiratory Fitness, Sedentary Behaviour and Physical Activity Are Independently Associated with the Metabolic Syndrome", Results from the SCAPIS Pilot Study, PloS One, 2015
Simonsohn, Barbara, "Das Metabolische Syndrom und Fasten. Hilft Fasten, und wenn ja, warum? ", Comed, September 2017

Muskelaufbau

Cermak, N.M., Res, Peter T. u.a., "Protein supplementation augments the adaptive response of skeletal muscle to resistance-type exercise training: a meta-analysis". Am J. Clin. Nutrition 2012; 97; 12

Novak F., Heyland D. K. u.a., "Glutamine supplementation in serious illness: a systematic review of the evidence", Crit Care Med., Sept. 2002; 30 (9): 2022-9

Oxidativer Stress

Bassenge, E. u.a., "Oxidativer Stress und kardiovaskuläre Erkrankungen", Deutsche Medizinische Wochenschrift 130.50 (2005): 2904-2909

Hausteiner, C., u.a., "Über den möglichen Einfluss der Ernährung auf die psychische Gesundheit", "Der Nervenarzt" 78.6 (2007): 696-705

Stress

Deutsche Gesellschaft für Psychosomatische Medizin und Ärztliche Psychotherapie (Hrsg.), „Herz und Psyche: Die Rolle des Stresshormons Cortisol", Presse-Informationen von Juliane Pfeiffer, 18.3.2016

Burke, H. M., Davis, M. C. u.a., "Depression and cortisol responses to psychological stress: a meta-analysis", Psychoneuroendocrinolgy, Vl. 30, Issue 9, Oktober 2005, pg. 846-856

Buchanan, Tony W. und Lovallo, William R., "Enhanced memory for emotional material following stress-level cortisol treatment in humans", Psychoneuroendocrinology, Vol. 26, Issue 3, April 2001, pg. 307-317

Verdauung

Rombeau, J. L, Kripke, S.A., „Metabolic and intestinal effects of short-chain fatty acids", JPEN J. Parenter Enteral Nutr. 1990 14 (5): S. 1815 – 4

Segain, J. P., et al., "Butyrate inhibits inflammatory responses

through NF kappa inhibition: implications for Crohn's disease",
GUT 2000; 47 (3): 397-403

Bildnachweis

Bilder von der Bilddatenbank www.shutterstock.com

Umschlagfoto: 30918022 (© xjrshimada)

S. 9: 222319105 (© tommaso lizzul), S. 14: 53774737 (© Catalin Petolea),S. 15: 482055163 (© Henning Marquardt), S. 17: 146137661 (© Subbotina Anna), S. 23: 336207542 (© curraheeshutter), S. 27: 450844810 (© Evgeny Atamanenko), S. 27: 374858776 (© MN Studio), S. 34: 517606387 (© PointImages), S. 41: 450844792 (© Evgeny Atamanenko), S. 46: 259034846 (© Jacob Lund), S. 51: 253050529 (© Jacob Lund), S. 55: 150195365 (© Nadino), S. 61: 644461741 (© Miguel Galves), S. 65: 196149794 (© Auhustsinovich), S. 69: 95030080 (© vovan), S. 76: 644912878 (© Y Photo Studio), S. 86: 143384074 (© Stasique), S. 95: 136615937 (© Ksenia Raykova), S. 99: Theo Hodapp.

Außerdem von BARBARA SIMONSOHN im SCHIRNER VERLAG erschienen

Azidose-Therapie
Wie Sie Ihren Körper natürlich entsäuern
Mit einem Vorwort von Ruediger Dahlke

136 Seiten
ISBN: 978-3-8434-1251-3

Übersäuerung ist heutzutage eines der größten gesundheitlichen Probleme. Durch unsere Ernährung, zu wenig Bewegung und zu viel Stress gerät der Säure-Basen-Haushalt aus der Balance. Die Folgen: Trägheit bis hin zu Depression und Burn-out, Krankheiten wie Osteoporose, Rheuma, Diabetes und Arteriosklerose.

Barbara Simonsohn, gefragte Ernährungs- und Gesundheitsexpertin, zeigt uns anschaulich und leicht verständlich, wie wir unser Leben entsäuern, um bis ins hohe Alter gesund, fit und schön zu bleiben. Die einfache und natürliche Azidose-Therapie baut auf den Methoden ihrer Lehrerin Dr. Renate Collier auf, die erkannte, dass Säuren sich vor allem im Bindegewebe und im Darm ansammeln.

Mit Fasten, Bindegewebsmassagen, Rumpfwickeln, Entspannung und einer basenbetonten Ernährung gelangen wir zurück zu einem vitalen, glücklichen und harmonischen Leben.

........EBENFALLS AUS DEM
SCHIRNER VERLAG

ENTDECKE DIE HEILENDE KRAFT DER HÄNDE

Barbara Simonsohn
Die Reiki-Schule für Anfänger
Reiki ist eine einfache und äußerst wirksame Technik zur Herstellung körperlicher und geistiger Balance. Dabei werden die Hände auf den Körper gelegt, um die universelle Lebensenergie zu lenken. Innerhalb weniger Minuten sind die inneren Kraftreserven wieder aufgefüllt! Körperliche Probleme und seelische Leiden lösen sich auf, sowohl bei einem selbst als auch anderen.
142 Seiten, Paperback, farbig, mit Abb. **€ 9,95**
ISBN 978-8434-1286-4